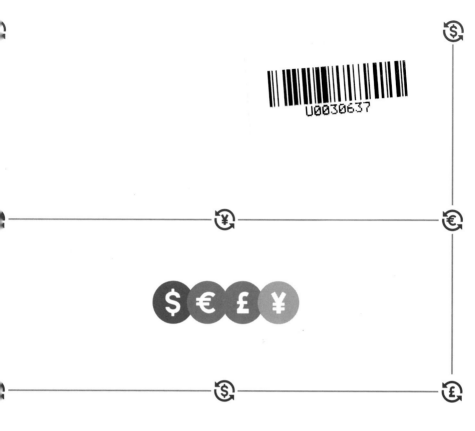

U0030637

滙率的真相

破解歐元、日圓、美金與人民幣漲跌，
與你我如何從中獲利！

旭 (홍춘욱) ◎著
薇◎譯

환율의 미래

吳惠林

中華經濟研究院特約研究員

　　當科技來到人間，交通工具越來越多樣，速度越來越快，容量越來越大，全球化也越見增進，無論個人是否喜歡，「天涯若比鄰」、「地球村」、「世界大同」等，這些概念也已越來越落實。不過，即便如此，「國家」的型態到了二十一世紀的今天依然明顯存在，雖然有「歐盟」、「亞盟」、「聯合國」等等的組織，但個別國家依然屹立不搖，於是「國際貿易」形成了稀鬆平常的交流。而國際貿易，乃「國與國間之交易也」，不但有貨物、商品的交易，還有人員的往來。眾所周知，這些交易和人員往來，都需要一種媒介物，它就是「錢」，或稱之為「貨幣」。

◉ 國際貿易往來司空見慣

　　我們都很自然地知道，錢非萬能，但沒錢萬萬不能；而且我們也都知道，幾乎每個國家都有自己發行的錢。在某個國家內，從事各種買賣交易，就要使用該國的錢，外國人來到該國必須將本國的錢換成該國的錢，才能住宿或購物，那麼該如何轉換呢？A國的一塊錢能換到多少B國的錢呢？B國的一塊錢又能換到多少A國的錢呢？這就是「匯率」的問題。

　　接著要問的是，「匯率」是怎麼決定的？由誰來決定？匯率是固定的，還是變動的呢？如今大家都知道，現在匯率大多是變動的，歷史上曾經有一段期間是固定的，但現在已經見不到了。在一個自由市場經濟的國家，已經見不到長時間固定的匯率了。匯率的變動對從事國際貿易、出國旅遊、購物和留學等的人來說，影響相當龐大，所以，如何預測匯率當然是很重要的課題。

　　「匯率」既然是兩國貨幣的交換比例，就跟一般商

品市場一樣，可用基本經濟學的「供需原理」來理解，對於貨幣來說，即是所謂「外匯市場」。外匯，意即外國貨幣，當市場中本國貨幣數量越多，外國貨幣數量不變或減少，一塊錢本國貨幣可換到的外國貨幣量就會減少，這就是本國貨幣貶值，反之就是升值。問題就在於：進到外匯市場的貨幣數量，是如何決定的呢？

　　任何國家貨幣的升值、貶值，都由該國外匯市場的「供需力量」決定，台幣的升貶也是一樣，而供需是由「人」行使的，經常帳的變化固然有重要影響力，而現今「國際熱錢」數量龐大，其流進流出對匯率的影響力更是越來越大。此外，各國政府的干預力道也不弱，至於人的預期心理更不可小覷。由於台灣央行總裁的穩健保守，其「信任度」頗高，台幣也得到信賴。不過，其升貶還是不可能預測到的，個人應理性判斷為要。

　　一般說來，外幣有兩種來源，一為本國貨物出口賺來的，一為有人直接拿貨幣到市場來，前者稱為「經常帳」，後者稱為「資本帳」。不過，進出口貿易和資本帳

匯率的真相

的變動，都是不容易知道的，何況當今不只有一般性的交易行為，各種投機性金融交易日新月異，更複雜的是層出不窮的「衍生性金融」，而市場中交易者的行為也難以猜測，各國政府也會進場干預或做調節工作，更加深得知匯率的困難度。無怪乎，當今金融財務科系最夯，而從事金融業務者也越來越吃香，但一般人卻也難免越見迷茫。這本《匯率的真相》或可解一些迷惑。

一本試解「匯率之惑」的著作

本書著重在「預測匯率的走向」，從匯率的基本觀念介紹起，漸進論及世界重要國家貨幣的變動，就美元趨於強勢、人民幣趨貶，日圓在安倍經濟學之後的走向，以及歐元在財政危機之後會展開何種變化等，做出簡要的解析，並分析先進國家的消費市場變化，會如何影響本國經濟的未來和貨幣走向。作者教導計畫海外旅遊和海外匯款的讀者，應先買進美元還是日圓、人民

幣、歐元？在本國股市和不動產未來趨勢看似不樂觀的情形下，對沖策略該定位在哪國貨幣？為了避免風險，哪一種是收益率高的貨幣？本書還在每章的最後提供了「一點就通！」的補充，將全球通用的金融常識和數據資料的查找，提供給讀者參考。

　　作者是韓國KIWOOM證券研究中心研究員，將其研究心得寫成書供讀者參考。畢竟金融無國界，本書適用於各國讀者，而當今主流經濟學是凱因斯經濟學，本書就是以該理論為基礎撰寫出來的，強調消費需求、刺激需求，並對通貨膨脹正面看待，是一種「極短期」的分析，可供參考，但「盡信書不如無書」，還是不宜照單全收。不過，作者在最終章文末所提的「保守式」資產分配，倒是不錯的方式！

目 錄
CONTENTS

第一章 了解匯率，是透視經濟的第一步

第二章 歐元在財政危機後的未來

目錄
CONTENTS

　　自2008年全球經濟危機以來，韓元匯率持續下跌，即將跌破900韓元大關，而到了2015年，美元對韓元的匯率又急速攀升至1,200韓元。這種激烈的匯率變化，一再提醒我們不得不正視「外匯市場」的重要性。尤其中國人民幣的貨幣貶值，連帶引起競爭的新興國家貨幣貶值（價值下跌），這股危機正籠罩全球金融市場。

　　外匯市場與市場決定的匯率是對經濟造成巨大衝擊的重要變數，然而現實情況是，了解市場的人並不多。本書針對外匯市場分成六個章節進行說明，循序漸進閱讀之後，對於外匯市場是什麼樣的地方，以及匯率如何變動會有詳細的理解。

　　本書第一章是外匯市場的結構和決定匯率的系統，一般說法是韓元對美元的匯率，而在國際金融市場中，是將美元標記在前面來標示匯率，書中將說明其原因。除此之外，也將介紹什麼是固定匯率制度和浮動匯率制度，並進一步了解新加坡採用的變相方式固定匯率制度。

　　第二章探討 2015 年春季影響全球經濟陷入暴風圈中的南歐財政危機起因，還有因應的解決方式。透過這個章節，能夠了解固定匯率制度為何會引起嚴重問題，而未能做好應對準備的國家，一旦面臨強勢國家採取固定匯率時，又會引發哪些毀滅性的結果。

　　第三章說明決定匯率的各個要素，並探討韓國是否可能再次面臨如同 1997 年的金融風暴。藉由本章將能了解決定匯率的各項因素，以及韓國最近被調高主權信用評等的原因。韓國之前被調降主權信用評等的部分原因是，國際信用評等機構的精心策畫，藉機貶低韓國，但是如果參考資料就會發現實際數字與等級不符。

　　第四章是關於「長鞭效應」。所謂的長鞭效應，是

指一手握住鞭子時，即使只是輕輕晃動，鞭子末端就會出現巨大晃動，藉此比喻消費者任何一點點的喜好改變，都會牽動零組件和原料生產廠商銷售額的巨大變化。韓國的每人國民所得來到3萬美元，儼然已在先進國家之列，卻仍深受先進國家景氣變動的影響。只要能理解長鞭效應，就能預測出匯率變動將會如何影響韓國的資產價格。

第五章針對韓國的韓元、日本的日圓、中國的人民幣等亞洲主要貨幣未來進行探討，並且重點式說明日本首相安倍晉三為何從2013年開始實施各項經濟政策。文中分析中國的人民幣成為關鍵貨幣的可能性，我的分析或許和市場輿論有相當大的差距，多少有些擔心。

最後一章則是關於資產分配。相信在聽完我的說明之後，韓國人將了解自己在理財方面的天生好運。讀完本章後，希望能夠對於一面倒向房產的資產分配現象產生影響。這裡先釋出一個小小提示：「買進以美元標價的金融資產。」

　　看完上述六個章節，相信大部分有關外匯市場的疑問都能獲得解答，當然頂多只能解惑。如果想要深入外匯投資交易，我認為在吸收本書的知識之後，必須正式地進行研究。如果只是單純想要了解資產相關投資的一般讀者，或是希望增進自身匯率知識的企業主，本書絕對是綽綽有餘了。

　　我在1993年開始從事經濟分析工作，要將這段時間所累積的經驗與對外匯市場的知識，全部寫進一本書中並不容易，但是我認為刻不容緩，於是利用轉職的空檔完成本書的寫作。

　　在這段並不算長的休假期間中，辛苦照顧孩子的內人李珠妍、幫忙看顧弟弟的長男采勳、轉眼間長大許多的么子友鎮，以及經常為我禱告的母親和親愛的兩位弟弟，我將本書獻給你們。

「如果沒有金錢，就不可能達成商業化和貿易。從零的狀態到建立新的貨幣制度，絕對不是一件簡單的事。如果貨幣不能為人人所用，就無法實現貨幣本身的功能。」

——彼得‧伯恩斯坦（Peter L. Bernstein），
《黃金的魔力》（*The Power of Gold: The History of an Obsession*）

第一章

了解匯率，
是透視經濟的第一步

匯率代表一個國家貨幣的相對價值。韓國的貨幣是韓元、日本是日圓、美國是美元等，這個世界存在著無數的各國貨幣，這些貨幣的交換比例就稱為匯率。報紙或電視播報昨日美元對韓元匯率是1,100韓元，代表1美元可以兌換1,100韓元。

那麼當匯率變動時，對我們會有什麼影響呢？昨日美元對韓元匯率是1,100韓元，假設今天上升為1,300韓元。蘋果（Apple）的iPhone在美國售價為500美元，昨天可以花費55萬韓元購買，但是今天價格卻漲到65萬韓元，也就是必須多支付10萬韓元。

同一時間，假設三星（Samsung）Galaxy Note的價

格停留在55萬韓元，很多人應該最後會選擇購買Galaxy Note。站在消費者的立場來看，選擇的範圍縮小了，可以說也是一種損失。尤其像Galaxy Note這種無可替代的產品，或是汽油、柴油等，一旦匯率上升，就會直接影響消費者必須支付更高的價格。

相反地，假設昨日美元對韓元為1,100韓元，今天下降至900韓元，可以預測出結果和匯率上升時相反。售價500美元的iPhone，以昨日的匯率換算成韓元為55萬韓元，而今天降至45萬韓元，足足少了10萬韓元，也讓Galaxy Note等韓國競爭產品顯得較為昂貴。以消費者的立場來看，可以用比較便宜的價格購買海外進口的產品，因此匯率下跌就會對提升購買力產生影響。

並非每次匯率上升都會調整標價

上述的例子是說明匯率變動時會直接反映在產品價格，但事實上當匯率變動時，第一時間就調漲價格的情

況並不多。

　　來看看幾乎百分之百仰賴進口的專業相機市場。佳能（Canon）或索尼（Sony）等海外知名相機製造大廠在韓國推出產品時，一般來說會考量某種程度的匯率變動，以制定產品的售價。如果每當匯率出現變動時，就調整產品的售價，不僅會多出促銷品的製作成本，批發商和零售商也必須配合價格變化重新調整利潤，因而衍生出許多成本與應對時間。因此，衍生出一種稱為「路徑依賴」（path dependent）的現象，這種路徑依賴的最佳例子就是我們使用的電腦鍵盤。

知　識　一　點　靈！

路徑依賴

　　路徑依賴在保羅・克魯曼（Paul Krugman）所寫作的《沿街叫賣的繁榮》（*Peddling Prosperity:*

Economic Sense and Nonsense in an Age of Diminished Expectations）一書中第九章「QWERTY鍵盤經濟學」有詳盡的說明。英文電腦鍵盤最左上方的「QWERTY」是沿用19世紀開始使用的打字機上的字母排列，就像韓文鍵盤的左右分區一樣，對人體的手指活動來說，並非有效的排列方式（英文最常使用到的字母是T、S、E，這些字母全都排列在左側）。然而，使用者們已經習慣鍵盤號碼，也就是打字機的排法，因此生產者認為使用者早已熟悉這套排列方式，便按照打字機的「QWERTY」來生產電腦鍵盤。1980年代初期，包括克魯曼在內的一些經濟學者發現，這種「QWERTY」式鍵盤對經濟有相當深刻的影響。無論某種現象有多麼無效率或不合理，在習慣使然之下不願意改變，認為變動會衍生成本，事實上這也代表著「選擇的自由」並不存在。

圖表1　韓文的左右分區鍵盤

　　以韓文鍵盤來說，子音排列在左方，母音排列在右方，有不少人覺得打字很不方便，這是因為對大部分慣用右手的人來說，經常使用的子音卻需要用較不順的左手來打字，其實這是沒有效率的做法。但是，為什麼韓國的鍵盤還是以左邊子音、右邊母音來排列呢？

　　這是沿用過去所使用的手動式打字機的鍵盤排列（美國的QWERTY鍵盤、韓國的左右分區鍵盤），將排列方式延用在電腦鍵盤。這種「不方便」或「不合理」的打字方式，對於不只數十萬，甚至是數百萬的使用者來說，已經成為一種習慣，要調整這種方式會耗費相當可

觀的費用。許多人已經習慣這種不方便的鍵盤排列，如果推出其他「方便」的鍵盤，應該很難獲得大眾回響。

如果消費者的購買價格根據匯率變化而經常出現變動，就像改變鍵盤排列一樣，就會消耗大量成本，並且引起消費者的困擾。基於這一點，當2008年韓元急速上升時，Nikon或索尼等相機製造商並未調整消費者的售價，而是等到2009年春季時才調漲價格。

◉ 市場競爭水準也是調整售價的重要因素

除了頻繁調整價格所造成的混亂之外，市場中的競爭水準也會影響產品的售價。以前文提及的智慧型手機市場來說，除了iPhone和三星之外，還有樂金（LG）、Pantech等各家廠商正展開激烈的競爭，即使美元對韓元的匯率上漲了200韓元，iPhone也不會輕易將韓國的售價調漲10萬韓元，原因就在於可能會因此將韓國智慧型手機市場拱手讓給競爭對手。

相反地，假設在韓國沒有競爭對手的話，情況又會如何呢？可能的情況是，廠商在美元對韓元匯率下跌時會凍結產品售價，藉此提高利潤；而當美元對韓元匯率上升時，則是毫不猶豫地提高售價以維持利潤，將匯率變動的風險全部轉嫁給消費者；也就是說，當經濟開放時，競爭的廠商愈多，根據匯率變動而調整產品售價的可能性就會愈低；相反地，在經濟封閉的市場中，競爭的廠商愈少，匯率變動的衝擊會立即影響全盤經濟，這時候政府就必須頻繁地介入市場，解決所衍生的問題。

02 直接標價法 vs. 間接標價法

也許讀者們會對這個標題感到好奇，在其他的書籍或報導中，都是用「韓元對美元匯率」來標示，為什麼我在本書卻是用「美元對韓元匯率」來標示呢？

外匯市場中的匯率標示法大致分為兩種：一是直接標價法（direct quotation，本國貨幣）；另一種是間接標價法（indirect quotation，外國貨幣）。讀到這裡，你應該就能了解，包括韓國在內的大部分國家都是使用直接標價法。所謂的直接標價法，就是標示出能夠交換一單位（美元或歐元）外幣的本國貨幣。「昨日美元對韓元匯率以1,100韓元作收。」就是直接標價法的例子。

〈HELP〉：說明
請利用VIEW介面進行編排或新增

彭博	Low	Bid	Ask	High	Day %Chg	Open
EURUSD	1.4355	1.4387	1.4387	1.4402	-0.0030	1.4390
USDJPY	91.40	91.56	91.57	91.77	0.0028	91.48
GBPUSD	1.5932	1.5956	1.5957	1.5992	0.0013	1.5960
USDCHF	1.0307	1.0358	1.0360	1.0389	0.0010	1.0357
USDCAD	1.0457	1.0472	1.0473	1.0502	-0.0027	1.0494
AUDUSD	0.8828	0.8877	0.8878	0.8887	0.0055	0.8834
NZDUSD	0.7045	0.7090	0.7091	0.7095	0.0037	0.7059
USDSEK	7.2583	7.2615	7.2644	7.2849	0.0025	7.2675
USDNOK	5.7877	5.7929	5.8028	5.8148	0.0024	5.7994
USDDKK	5.1698	5.1740	5.1743	5.1860	0.0030	5.1734
USDMXN	12.8356	12.8529	12.8824	12.8930	-0.0040	12.8369
USDBRL	1.7623	1.7615	1.7645	1.7630	0.0000	1.7625
USDTRY	1.5122	1.5130	1.5140	1.5170	0.0023	1.5178
USDZAR	7.4829	7.5279	7.5579	7.5623	0.0022	7.5316
USDSGD	1.4052	1.4057	1.4057	1.4091	-0.0016	1.4072
USDTWD	32.232	32.256	32.260	32.274	-0.0003	32.260
USDKRW	1168.20	1170.00	1170.30	1175.30	-0.0038	1174.90
USDHKD	7.7545	7.7557	7.7557	7.7564	0.0000	7.7555
USDINR	46.5000	46.6500	46.6600	47.0750	0.0000	46.6550
USDIDR	9438	9445	9450	9485	-0.0034	9475

圖表2　主要貨幣的匯率標價法

【圖表2】是全球財經媒體集團——彭博（Bloomberg）的外匯市場牌告匯率表，請參見其中「USDKRW」一項（倒數第四行），大部分國家是以美元做為開頭的「直接標價法」，但並不是沒有例外，其中的「例外」是出現時間比美元更早的英國和其他歐洲國家的貨幣。

代表性的貨幣包括歐元和英鎊，以及澳幣與紐西蘭幣。這些貨幣採用間接標價法，也就是標示出能夠交換一個單位本國貨幣的外幣。例如，「昨日歐洲市場中歐

元對美元的收盤匯率為 1.40 美元」就是間接標價法。

　　現在我們進一步換算看看，美元對韓元匯率是 1 美元和韓元的交換比例。假設匯率從 1,100 韓元變成 1,200 韓元會怎麼樣呢？美元對韓元又會有什麼變化？沒錯，因為是以美元為「基準」，當匯率上升時，就代表「美元強勢」。

　　相反地，假設歐元對美元匯率從原本的 1.40 下跌至 1.20 時會如何呢？歐元是強勢還是弱勢？同理，在前面的貨幣代表基準，當匯率下跌時，就表示歐元弱勢；也就是說，只要記得做為基準的貨幣排在「前面位置」，匯率變動時即可立刻類推貨幣價值是下跌或上漲了。

03 ▶ 為什麼不能讓匯率固定？

　　看到這裡，你也許會產生另一個疑問：為什麼要這麼麻煩地確認匯率的變化呢？不能把對美元或對歐元的匯率固定下來嗎？

　　提出這種主張的最具代表性人物是新加坡國立大學的申長燮[1]教授。2008年當韓國面臨金融危機時，申長燮教授就以外匯市場穩定的新加坡為例，建議效法新加坡，採用「貨幣籃制度」（basket parity system）的外匯市場制度。所謂的貨幣籃匯率制度是韓國在1990年代初期所選擇的一種固定匯率制度，但不是完全固定匯率，採用漸進方式來引導變化是它的特徵。

　　從【圖表4】可以得知，美元對新加坡幣的交換比

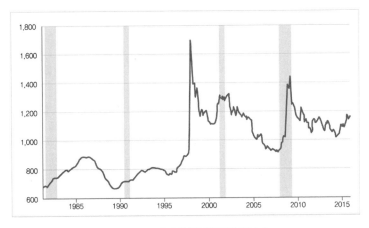

圖表3　1980年之後美元對韓元匯率走向

資料來源：美國聯準會（Fed）聖路易分行。

圖表4　1980年之後美元對新加坡幣匯率趨勢

資料來源：美國聯準會聖路易分行。

例在1.6倍至1.2倍之間變動，申長燮教授特別指出，當2008年全球陷入經濟危機時，新加坡匯率上升的幅度也只停留在10%左右，可以說是相當穩定的。

光從這一點來看，新加坡的外匯制度相當具有吸引力，然而在管理浮動匯率制度時，卻有幾個嚴重的問題，其中最大的問題就是金融政策實際上完全失去了獨立性。

【圖表5】和【圖表6】是新加坡與美國的銀行利率，這部分顯示出政府介入管理的趨勢，使得新加坡的利率變化幾乎和美國同步。為什麼會產生這種結果呢？

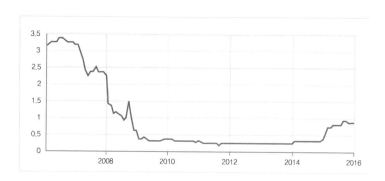

圖表5　新加坡銀行之間的利率

資料來源：Trading Economics.

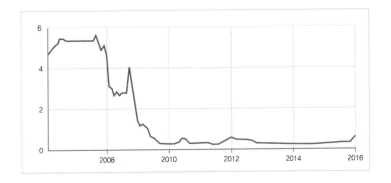

圖表6　美國銀行之間的利率

資料來源：Trading Economics.

我簡單地舉出一個例子加以說明。如果新加坡針對國內發生的經濟危機（房產價格暴跌等）採取因應措施，將市場利率調降成低於美國的話，又會怎麼樣呢？

事實上，新加坡幣的價值對美元是固定不變的，完全不會有匯率變動帶來的風險，因此投資人會想要將存放在新加坡的錢轉存到美國的銀行。外匯市場對美元的需求大增，因此美元對新加坡幣的匯率不得不上升（＝美元強勢）。但是，新加坡政府當局希望讓匯率保持在合理的範圍之內，因而介入，向外匯市場出售美元，同時買入新加坡幣。

問題在於，假使這種情況無止盡地持續下去，最後新加坡的外匯存底將面臨枯竭，也就是為了扶植經濟而一味地調降利率，將會引發更嚴重的外匯存底耗竭危機。再加上投資人提領新加坡幣的擠兌潮，會造成政府為了減少整體經濟的貨幣供給，而調降利率的本意最後毫無成效。

　　由於這些因素，使得實施浮動匯率制度的國家將利率維持近似於美國利率的水準，這種決策也喪失了貨幣政策的自由性，而失去貨幣政策的自由，也充分反映在最近中國人民幣貶值的話題上。我們來了解看看這個情形。

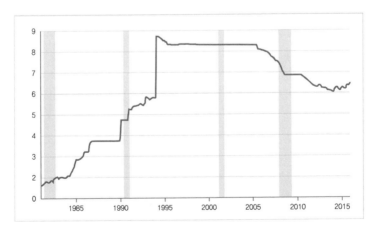 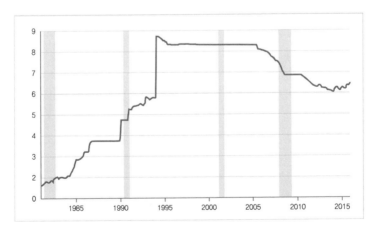

04 中國容許人民幣下跌的理由

　　中國於2015年8月11日起連續三天調降人民幣中間價（＝美元對人民幣匯率上升），為全球金融市場帶來巨大衝擊。[2]為什麼中國容許人民幣貶值，同時擴大外匯市場中的匯率變動幅度呢？

　　試著運用目前學到的知識來推敲原因吧！

圖表7　中國人民幣對美元的匯率走向
資料來源：美國聯準會聖路易分行。

◉ 陷入「低成長的危機」之外，最直接的因素是出口停滯

過去中國一向採取人民幣升值策略（＝美元對人民幣匯率下跌），2015年突然政策大轉彎，主要是因為經濟不景氣。為什麼會出現經濟不景氣呢？中國自從1978年改革開放以來，一直仰賴出口做為主要經濟來源，但

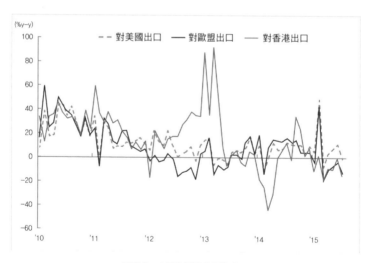

圖表8　中國主要各地區的出口

匯率的真相

是如同【圖表8】所示，出口卻不如預期。從中國的三大出口地區——美國、歐盟及香港的出口情況來看，除了2013年對香港的出口出現短暫榮景之外，大致上呈現持續下滑的趨勢。

中國出口停滯的原因，最主要的原因是先進國家經濟的不景氣，其次則是全球性的美元強勢，尤其是最近美國的美元指數急速攀升，使得對美元匯率固定的人民幣價值也跟著大漲。

當然，中國在調降人民幣之前，並不是沒有實施其他的政策。中國政府曾大規模投資房產和社會基礎建設（social overhead capital, SOC，即道路或港灣鐵路），但是出口經濟卻未見好轉，供給過剩的問題因而浮上檯面。凸顯出中國經濟正面臨嚴重供給過剩最好的指標，就是生產者物價指數（Producer Price Index, PPI）的動向。

【圖表9】顯示出中國的消費者和生產者物價指數動向，生產者物價指數從2012年開始呈現負成長。尤其是最近中國的房產價格急速飆升，再加上居住類物價水

準上漲，使得消費者物價指數（Consumer Price Index, CPI）呈現低迷走向。後面提到日本經濟的章節中，我會更詳細說明。這裡的物價負成長趨勢，就代表經濟出現相當嚴重的問題。

首先，當生產者物價指數下跌時，以企業的立場來說，面臨銷售下滑的可能性極高，進而使得企業遞減的實質利率增加。所謂的實質利率，是扣除貸款利率中的通貨膨脹率，可以代表企業的遞減利率。生產者物價指

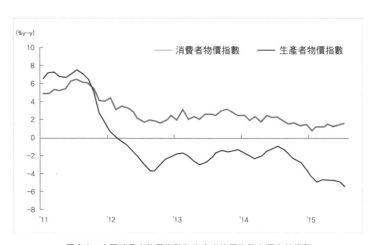

圖表9　中國消費者物價指數和生產者物價指數上漲率的趨勢

數上漲率在2015年11月達到－5.9%，但貸款利率為5%時，企業的遞減利率便會來到10.9%左右。面臨如此致命的利率水準，企業活動幾乎停擺，中國經濟也失去了往日的活力。

人民幣除了貶值之外別無他法

當受到外部的負面衝擊，也就是出口停滯不前的影響，致使經濟成長彈性急速下滑時，政府能夠實行的政

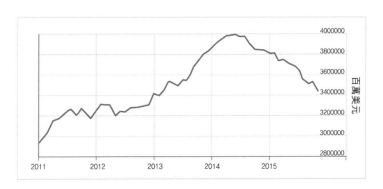

圖表10　中國外匯存底走向

資料來源：Trading Economics.

策大致可分成三項。

　　第一項是調降利率，同時也是最具成效的政策。韓國銀行在2015年分成兩階段實施降息政策，也是基於相同原因。然而，中國的降息幾乎沒有帶來成效。原因在於，中國事實上對美國維持「固定匯率制度」，由於和美國之間利息差額縮小的機會，使得大舉資金外流。

　　【圖表10】充分說明這種情況。中國原本每個月擁有約500億美元的貿易順差，但是當外匯存底呈現急速下降的趨勢時，可以視為中國的熱錢（hot money，即短期投資資金）正同步外流的訊號。因為經濟規模擴大的同時，也會出現各種規避政府法規的方法，而中國政府實施滬港通*等逐步開放金融市場的策略，也擴大了資金外流的現象。

　　中國政府可以考慮的第二項政策是財政，但是其中存

＊　全名為滬港股票市場交易互聯互通機制試點，是由中國證券監督管理委員會和香港證券及期貨事務監察委員會於 2014 年 11 月 17 日開通，讓中國與香港投資人得以買賣對方股票交易所上市的股票。

在著許多問題，因為隨著中國的房產景氣急速退燒，使得地方政府的財政出現虧損。韓國的情況也一樣，地方政府的稅收大多來自於房產稅額或土地出售盈餘，如果想要實行大規模的財政政策，就必須解決地方政府稅收短缺的問題。因此，中國國家主席習近平積極地推動地方政府的財政改革，希望增加「地方財源」，但是這只能延長負債到期日和降低利息，並無法從根本上解決問題。

中國政府能夠考慮的最後一項政策方案，就只有降低人民幣幣值了。首先，藉由進口物價的上漲來舒緩整體經濟通貨緊縮的壓力，再加上能夠改善出口企業的價格競爭力，進而解決企業的財務結構惡化問題，可以說是一舉兩得。

如果真的如此，這麼好的政策為什麼不提早實施呢？原因和「關鍵貨幣的夢想」有關。中國一向致力於提升人民幣做為結算貨幣和儲備貨幣的地位，為了登上這個位置，就必須讓匯率變動維持穩定，並且持續增值（＝美元／人民幣的匯率下跌），這樣才能具備成為結

算貨幣與儲備貨幣的優勢。然而，這一次人民幣貶值的決定，多少也讓先前的努力化為泡沫。

總結來說，中國最終也輸在固定匯率制度的弊端。美元的強勢使得人民幣值急速上升，拖垮中國企業的價格競爭力。再加上短期性資金的流動現象劇烈，引發中國大規模的資金外流，我認為就是促使中國政府做出貶值決策的原因。

🔄 浮動匯率制度是唯一方案

看完新加坡和中國的例子後，可以得到一個結論。

如果處在經濟發展程度低，金融市場未達開放狀態的情況，固定匯率制度有其優點；但是，當貿易規模逐漸成長，資本市場開放，經濟邁向先進化時，浮動匯率制度所帶來的利益更大。

當然，不可否認的是，美元對韓元匯率的高低劇變會帶來負面影響。但是，匯率的急遽變動所引發的損

知　識　一　點　靈！

以香港為例

實際上並不是沒有例外，以部分先進國家和香港為例，選擇的是貨幣發行局制度（Currency Board System），這是屬於固定匯率制度的一種。香港在主權從英國移轉到中國之後，形成高度不安全感，再加上本身國際金融中心的地位穩固，因此選擇對美元採取固定匯率制度。

失，和匯率固定時造成的負面效果相比，可以說嚴重性相對輕微。尤其是匯率的急遽變動問題，能夠透過政府積極儲備外匯存底，並且努力維持美元對韓元匯率在合理水準來減輕影響的程度。

　　第二章將以上述的知識為基礎，進一步了解歐洲的財政危機。

剖析外匯市場的結構

　　外匯市場根據交易者區分為銀行間市場和應對顧客市場。銀行接受個別客戶的委託，集結適當的金額規模，在銀行內部進行交易。銀行間市場的交易分為透過經紀商與銀行間直接交易兩種情況。韓國和其他先進國家的外匯市場不同，大部分是透過外匯經紀商進行交易。

　　應對顧客市場是由銀行、個人及企業等顧客之間的外匯交易所形成的市場，也可以稱為一種零售市場。這種對顧客交易的結果，銀行的外幣總持倉量會出現變動，再透過銀行間市場進行調整，因此應對顧客市場和銀行間市場有著密不可分的關係。

 台灣中央銀行許可兩家可從事外匯交易的仲介業務外匯經紀商為：成立於 1993 年的臺北外匯經紀股份有限公司，以及成立於 1998 年的元太外匯。

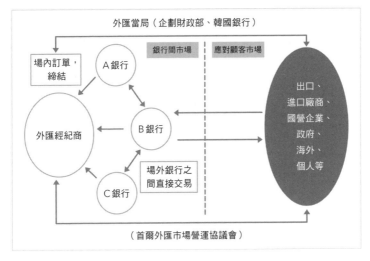

圖表 韓國的外匯市場結構

資料來源：韓國銀行（2009），《近期外匯市場動向和主要課題》。

假設三星的出口獲利達到1億美元，由於三星必須換成韓元來支付勞工與交易企業，因此在銀行的應對顧客市場是以美元對韓元匯率1,200韓元來換算，最後得到1,200億韓元。

補充資料 台灣外匯市場簡易結構如下：

這時候兌換銀行的外匯資產增加1億美元，外幣總持倉量上升，造成過量持有美元的情況。

當韓元價值下跌（美元對韓元匯率上升）時，可以獲得利潤；但是，萬一韓元價值上漲（美元對韓元匯率下跌）時，便會遭受匯率變動的損失，因此銀行所持有的外幣資產額需要維持在適當的範圍內。而銀行把持有的外幣資產放到銀行間市場出售，就是為了將外幣總持倉量的變化減到最低，這個過程也讓應對顧客市場和銀行間市場形成密不可分的關係。

◉ 買進匯率和賣出匯率

曾經買賣過股票的人，應該都知道股票價格起起伏伏，有著幾百元、幾千元，甚至是幾萬元的差異，買進價格和賣出價格呈現對峙。對急於買股票的人來說，與合理買進價格相比，會急著在相對較高的賣出價格上就出手；另一方面，認為前景不佳，希望趕快脫手的人，

便不得不以低於買進價格的售價賣出。

　　正如同股票，外匯市場也有拆進利率／買入匯率（bid-rate/buying rate）和拆放利率／賣出匯率（offered rate/asked rate）〔參考韓國銀行於2007年出刊的《我國的外匯制度和外匯市場》中的第二篇「匯率」〕。若某家銀行公告美元對韓元匯率為1,200.00韓元至1,200.50韓元，代表銀行將以1,200.00韓元價格買入1美元，而以1,200.50韓元價格出售1美元，此時平均價格1,200.25韓元亦稱為中間價。

　　賣出匯率和買入匯率的差價（50韓元）稱為買賣價差（bid-offer spread），買賣價差會根據交易匯率的流通性或匯率走勢等產生變動。就像美元對韓元匯率一樣，在韓國常見的交易貨幣相對來說買賣價差小，有時會出現10分（0.1韓元）左右的微小差距；相反地，不常見的交易貨幣買賣價差則較大。

◉ 銀行間匯率和對應顧客匯率有何不同？

走進銀行可以看見各種牌告匯率，但是為什麼銀行不顯示同一種匯率，而是出現好幾種不同匯率，讓人眼花撩亂呢？

原因在於，銀行之間的匯率和對應顧客的匯率不同。銀行間匯率就像批發市場一樣，交易規模非常大，每單位的交易成本低，買賣價差也小。相反地，對應顧客匯率屬於零售市場，各家銀行根據銀行間匯率為基準來自由訂定。如果當日銀行間匯率出現大變動時，就會即時反映匯率變動，將對應顧客匯率進行數次修正並公告。

銀行牌告的對應顧客匯率中，根據外匯結算方法分為電匯買賣價、現金賣出價、現金買入價和旅行支票（T/C）買賣價等。

由以下的圖表可以得知，前一天銀行間匯率市場中美元對韓元的平均匯率是1,200.5韓元，保留上下一定

匯率的真相

的利潤（margin）後，訂出買入匯率和賣出匯率。其中現金賣出價與現金買入價的差異最大，這是因為和旅行支票或電匯相比，現金的保存與管理需要花費更多成本的關係。同理，對應顧客匯率也是根據交易規模和競爭情況進行逐步調整，顧客選擇對自己最有利的條件來選擇交易銀行，也是省錢的方法之一。

現金買入價	T/C買入價	電匯買入價	電匯賣出價	T/C賣出價	現金賣出價
1,172.23	1,180.54	1,181.50	1,204.70	1,207.41	1,213.97

圖表　對應顧客匯率表（範例）

資料來源：韓國銀行（2007），《我國的外匯制度和外匯市場》。

「1957年是現代德國貨幣歷史的分水嶺。這一年德國不僅重拾馬克幣的價值監督權，也設立了新機構，即德國聯邦銀行（Bundesbank）。德國聯邦銀行的設立目的相當明確，就是維持物價穩定；也就是說，此機構的使命是『穩定的貨幣』，顯現出前所未見的堅決。」

——丹尼爾‧艾克特（Daniel Eckert），《世界貨幣大戰》（Weltkrieg der Währung）

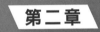

第二章

歐元在財政危機後的未來

01 ▶ 赤字、負利率等歐元暗藏的問題

　　2010年2月，希臘政府宣布財政緊縮，五年過後歐洲財政危機仍然無法解決，使得各國的政治和社會層面危機更加惡化。希臘政府為何會出現如此龐大的財政赤字，難道沒有解決的方法嗎？

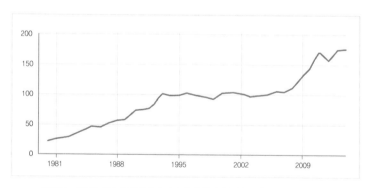

圖表1　1980年之後希臘中央政府的負債（占國內生產毛額比例，%）

資料來源：Trading Economics.

匯率的真相

048

◉ 什麼是歐洲經濟暨貨幣聯盟？

想要了解歐洲財政危機，就必須先了解1999年成立的歐洲經濟暨貨幣聯盟（European Economic and Monetary Union, EMU，即歐元體系）。歐洲經濟暨貨幣聯盟的第一項目標是形成單一市場，扶植參與國家的經濟；另一項目標則是抑制匯率變動，尋求穩定的經濟運作。也就是說，歐洲經濟暨貨幣聯盟的成立主旨是建立共同市場的「大餅」，並且降低金融市場的變動性。

當然，歐洲經濟暨貨幣聯盟的成立目的一開始並非如此崇高。歷經第一次世界大戰和第二次世界大戰，造成無數死傷的歐洲各國政府，希望打造不再有戰爭的世界。簡單來說，當所有國家使用單一貨幣，形成難以畫分的關係時，是不是也許就能從此避免戰爭？

基於這個目標，1998年5月1日至3日在比利時布魯塞爾召開的歐盟（European Union, EU）高峰會中，針對1999年成立歐洲經濟暨貨幣聯盟進行協商，決定

會員國（第一階段參與國家為11國）貨幣的轉換歐元匯率。1998年7月，歐洲經濟暨貨幣聯盟的核心機構——歐洲中央銀行（European Central Bank, ECB）在德國的法蘭克福設立總部，著手鑄造硬幣和紙幣。歐洲中央銀行的運作條件是必須使用統一貨幣，因此歐洲經濟暨貨幣聯盟會員國並不需要獨立的中央銀行；也就是在開始統一使用歐元做為貨幣時，歐洲經濟暨貨幣聯盟會員國的中央銀行也終止其業務，而必須服從歐洲中央銀行的利率決策。

這種情況和前文提到的新加坡如出一轍。當使用歐元的國家之間利率政策不同調時，假設德國的利率政策為2%，西班牙的利率政策為1%，會發生什麼事呢？由於兩國之間存在匯率修正（＝使用歐元單一貨幣），匯率變動所帶來的風險可以說是「0」。在這種情況下，對沖基金等的投資人會採取向西班牙借款來投資德國債券的策略。

利用1%的利息來調度資金，投資產生2%利息的債

券，投資人便獲得1%的差額利潤。再加上採用借款投資，完全不需要花到口袋裡的一毛錢。就像《鳳伊金先達》*一樣，這種無資本獲利的交易方式無限擴大。受到投資人行為的影響，德國不得不下修利率政策，西班牙也不得不調高利率。原因是西班牙出現龐大資金需求，衍生利率上升壓力；相反地，德國的債券收購件數激增，促使利率下跌。

為了防止這種現象，必須成立歐洲中央銀行，並且將總部設立在擁有最強經濟力的德國法蘭克福。德國由於實施利率政策而擁有壓倒性的影響力，這對於加入歐洲經濟暨貨幣聯盟的弱勢國家來說是正面消息。德國的高信用評等和低物價上漲率，使得德國的利率政策在歐洲各國中維持最低水準；也就是說，歐洲經濟暨貨幣聯盟會員國可以用和德國相同的利率來發行債券，因此享有支付比過去更低利息的「權益」。

---

* 是 2016 年 7 月 6 日上映的一部韓國喜劇片，描述連皇帝都敢欺騙的騙徒金先達兜售大同江水的故事。

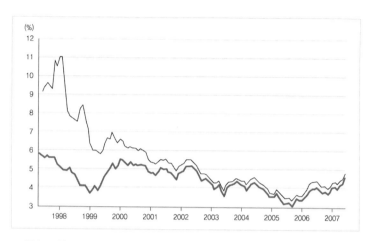

圖表2　歐元區成立前後，德國（灰線）和希臘（黑線）10年期公債債券殖利率
資料來源：美國聯準會聖路易分行。

　　那麼只有像希臘等弱勢國家才能享有歐洲經濟暨貨幣聯盟體制的好處嗎？並非如此，事實上德國或法國等國都能夠獲得龐大的市場利益。截至2014年底，使用歐元的國家總經濟規模為13.4兆美元，與美國（17.4兆美元）相比，只落後4兆美元，也成為繼美國之後的全球第二大經濟體。由於能夠在偌大的經濟圈中自由貿易和自由資金轉移，德國也坐享「巨型市場」的好處。

匯率的真相

◉ 低利率政策，為南歐帶來房產盛況

目前我們探討了2010年希臘財政危機發生前的情況，這也將說明固定匯率制度在未來會如何衍生出嚴重的問題。

歐洲貨幣聯盟本身最大的問題是，除了德國之外，周邊國家的經濟成長可能達到過度膨脹。一般都認為高度經濟成長率會帶來好處，但是事實上卻未必如此。充分運用經濟的可用資源（人力、資本），達到可行的成長率，稱為潛在成長率（potential growth rate）。當經濟的實際成長率（actual growth rate）不斷超越潛在成長率時，必定會導致經濟問題。

大於潛在成長率的超速成長所帶來最典型的問題就是通貨膨脹。舉例來說，當年產量100萬輛的汽車工廠，突然必須生產超過100萬輛的汽車時，工廠也許能夠臨時應付110萬輛或120萬輛的生產需求，也就是藉由人力三班制或兩班制投入，並且透過招募人員等措施

來提高稼動率（即產能利用率）。但是，如果這種情況持續一年或兩年以上，生產成本就會暴增。

為了避免新進勞工的生產效率不及既有勞工的生產效率，出現機械操作失誤的問題，致使不良率增加，於是這間工廠加強實施教育訓練，提升勞工的熟練度，因此支付更多的成本，而為了擴充工廠設備，也必須加碼投資。問題在於，這些過程需要花費許多時間來進行，而在此過程中汽車的生產成本仍然繼續攀升。因為需求量大，工廠的產量增加了，公司當然也會提高產品售價。

2000年中期，希臘等南歐國家便發生類似的狀況。如同【圖表3】所示，實際成長率大幅超越潛在成長率的水準，出現經濟過熱現象，這種現象立刻導致物價上漲。然而，歐洲中央銀行的設置地——德國在當時經濟狀況不佳，利率政策始終保持在低利率水準。

2000年中期，南歐大部分國家的實質利率為負值。第一章曾稍微提及實質利率，現在更進一步地詳細說

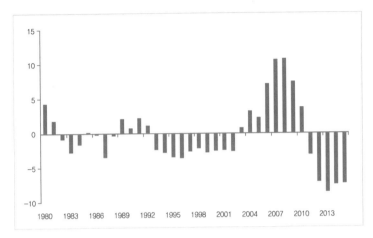

圖表3　希臘實際成長率和潛在成長率的差異（國內生產毛額缺口）
資料來源：國際貨幣基金（International Monetary Fund, IMF）。

明。所謂的實質利率是將物價上漲率從名目利率中扣
除，假設某國家每年物價上漲率為3%，放款利率為
2%，此時實質利率就是－1%。假設各種資產價格比照
物價上漲率而上升時，在獲得貸款的同時，等於產生
1%的收益，也就是絲毫不需花費自己的任何一分錢。

　　負實質利率的影響層面不僅如此。當實質利率為負
值時，儲蓄率會急速下降。因為利率水準實際上呈現
「負數」，又有誰會願意儲蓄呢？當市場利率下降時，

分期利率也會跟著下跌，原本買不起商品的人會樂於大肆採購。尤其是利率出現負值時，最重要的消費財，也就是住宅的購買動機也會隨之增高。

由【圖表4】可知，希臘、愛爾蘭及義大利在2000年中期的房價不約而同地急速上漲。從1990年下半年開始，房價連續十多年呈現暴漲的情況，必然會造成全盤經濟出現假需求，而這樣的房價也在整體經濟中引發強烈的相乘效果。房價上漲使得消費者的開銷增加，建設相關業種則因為人手不足而忙得不可開交。

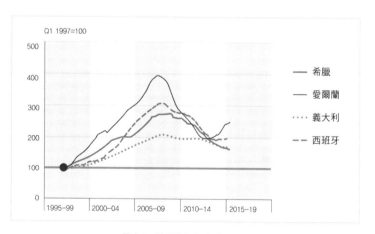

圖表4　歐洲主要國家房價走向
資料來源：《經濟學人》。

◉ 經濟繁榮使得南歐經常收支赤字擴大

上述是1999年歐元上市以來，歐洲大多數國家的景象。但是，天下沒有不散的筵席，繁榮也有盡頭。儲蓄率下跌，而投資率上升，導致經常收支發生嚴重逆差。為了進一步理解這個問題，先要了解國內生產毛額（Gross Domestic Product, GDP）的結構。

①　GDP＝消費＋投資＋出口－進口

公式①的「出口－進口」可以視為經常收支，因此公式①等同下列的算法。

②　GDP＝消費＋投資＋經常收支

將公式②右邊的「消費」移至左邊的話，就變成以下的公式。

③ GDP －消費＝投資＋經常收支

GDP減去消費的項目改成「儲蓄」，公式③會變成以下的公式 。

④ 儲蓄＝投資＋經常收支

將公式④右邊的「投資」移至左邊，就能看出以下的關係。

⑤ 儲蓄－投資＝經常收支

公式⑤代表的意義顯而易見。當經濟持續過度成長時，儲蓄降低，投資增加，導致經常收支出現赤字。

經濟過熱的國家在經常收支出現赤字的原因不僅如此，當一國的物價水準高於其他國家時，便會削弱該國

的產品競爭力。尤其是使用歐元做為統一貨幣，不可能個別調整匯率，就無從改善競爭力衰退的現象。再加上經濟一旦過熱，要降溫回復穩定狀態變得相當困難。如同前文所提及，經濟過熱導致物價上漲，並且實質利率降到負值時，就會更加速房產市場的熱潮。因此，一旦發生超速成長，便會引發通貨膨脹，而這種現象也將愈來愈嚴重。

【圖表5】充分顯示出這種情況。2000年中期以後，希臘的經濟繁榮加速，經常收支的赤字規模擴大占GDP的14.5%。當經常收支的赤字規模如此龐大時，為了填補外匯缺口，必須向國外的金融機構借貸更多的金錢。在2010年以前，這些都不是問題，因為希臘既是歐洲經濟暨貨幣聯盟的一員，本身的經濟情況也相當健全。

但是，2010年希臘的財政赤字規模比實際公布的數字更大，這個來自希臘新政府的誠實告白帶來巨大衝擊，外國投資人頓時失去信心。一夕之間拖垮希臘政府財政的原因是，受到2008年全球經濟蕭條的影響，使得

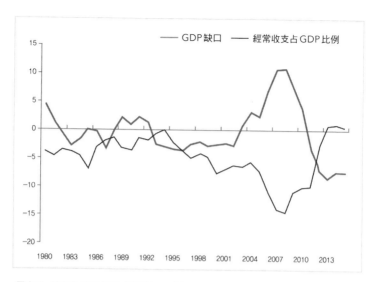

圖表5　希臘的GDP缺口（實際GDP成長率和潛在GDP成長率的差異）及經常收支
（占GDP比例，%）

資料來源：國際貨幣基金。

希臘最大的產業——觀光業和海運業生意下滑，政府因此稅收不足。然而，2000年中期在經濟過熱局面下所借的高利貸款，已經到期而必須償還利息。希臘政府藉由附屬合約，偽裝出售國營企業以掩蓋財政赤字，在這件事情被揭發後，也是金融市場引發巨大衝擊的原因。[3]

　　最終，固定匯率制度之一的歐元體系本身就是財政危機的最大因素，而後又因為各國對財務政策的管理鬆散，而導致財政崩壞。接下來，將探討如何克服財政危機。

匯率的真相

02 歐洲財政危機的解決方案

　　以目前情勢來看，歐洲貨幣聯盟的優缺點中，缺點大過於優點。因為希臘、葡萄牙、愛爾蘭、義大利及西班牙等南歐大多數的國家，正在縮衣節食以償還巨額的外債，這個過程也讓經濟更加惡化。

◉ 眼前歐洲的三項對策

　　那麼歐洲又該怎麼做才能脫離困境呢？最好的辦法是回到實施歐元以前的狀態，但這是不可能的，因此眼前的可能做法有三種。

　　第一種是捨棄歐元，重新回到過去的貨幣制度。以

希臘來說，如果廢除歐元，重新使用舊有貨幣〔德拉克馬（Drachma）〕，並且大規模調降幣值，便能一舉改善企業的競爭力。另外，觀光客也會大量回流，很有可能就能讓經常收支回到順差的狀態。

但是，這個方法有一個很大的問題，就是希臘的普通銀行極有可能面臨「擠兌現象」。所謂的「擠兌」是指銀行大多數的存款客戶要求提款領回自有的儲金，或是轉匯至其他銀行。銀行等金融機構除了存款準備金比率所規定的部分資金之外，其他資金都做為借貸之用，萬一發生集中性的擠兌現象，就會面臨危機。

在什麼情況下，人們會不約而同要求提款領回呢？若銀行面臨倒閉危機，或是持有的貨幣價值即將崩盤，擠兌的可能性就會提高。假設希臘終止歐元，重新啟用德拉克馬會如何呢？德拉克馬的幣值相對於歐元又會下跌多少？

【圖表6】是2002年阿根廷廢除對美元的固定匯率制度之後的趨勢，阿根廷披索（Peso）的幣值在一年內

跌至四分之一以下的水準。希臘很有可能會步上阿根廷的後塵，當這份恐懼瞬間擴散時，銀行將會面臨擠兌潮，經濟也會隨之停擺。2015年夏季，希臘人民公投的結果決定「脫離歐元區」，並且實施限制儲金領回額度的措施，當時的情況就和阿根廷相去不遠。[4]

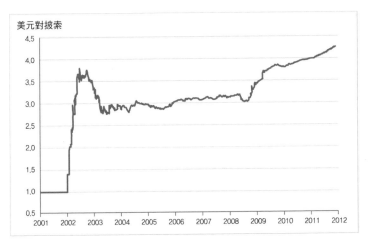

圖表6　阿根廷脫離貨幣委員會制度的前後匯率
資料來源：彭博。

縮減財政是相當敏感的政治問題

　　解決南歐財務危機的第二種方法是，大幅調降物
價、租金和地價，以改善競爭力。當利率政策的決定
權由歐洲中央銀行掌控時，不可能調高利率，因此除
了刪減財政支出之外，沒有其他的方法可以誘導「通
貨緊縮」。然而，社會福利相關政策占政府支出相當

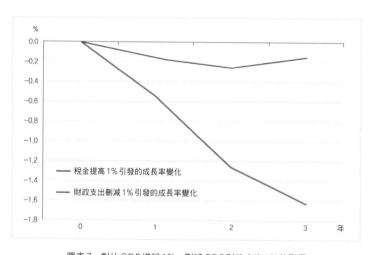

圖表7　對比GDP增稅1%，刪減GDP財政支出1%的影響

資料來源：IMF (2010.10), "Will It Hurt? Macroeconomic Effects of Fiscal Consolidation".

的比例，這是早在四十年至五十年前就已形成的社會約定，若一舉刪除社會福利預算，勢必會引發嚴重的政治爭議。

進一步來說，實施強烈財政緊縮的過程中，會打擊經濟的潛在成長率，這也是引發問題的原因之一。根據國際貨幣基金的估算，對比GDP增稅1%時，隔年的經濟成長率會下跌0.55%，即使刪減財政預算對成長率的影響最多下跌0.16%，如同前文所提及，刪減社會福利相關支出所牽涉的政治層面，使其在實行上相當困難。

藉由減少財政預算或提高稅收的做法，希望讓財政趨於健全，但是除了引起政治爭議之外，也很有可能會導致成長率下跌，反而使得稅收減少。

◉ 引發通貨膨脹來減少負債？

失去競爭力的國家最後一種選擇就是引發通貨膨脹，擺脫巨額負債，並且引導貨幣（歐元）貶值。這個

方法是否可行仍有待討論，先來了解為何通貨膨脹能夠
減少財政赤字的問題。

美國於1970年代的經驗正好可以說明這種情況，接
著就來看看當時美國的經濟狀況。當時美國深陷越戰，雖
然面臨高額的財政虧損，但是和國內生產毛額相比，政府
的負債額反而減少了。為什麼會出現這種現象呢？

注：為了掌握消費者物價指數上漲率的趨勢，採用五年移動平均數據。

圖表8　政府淨負債占GDP比例vs.消費者物價指數上漲率

資料來源：美國聯準會、美國勞工部。

　　為了有助於理解，先來假設有一種債券，一年分兩次支付利息，三十年之後償還本金（＝三十年期公債）。如果考慮過去三十年來經濟合作暨發展組織（Organization for Economic Cooperation and Development, OECD）統計先進國家的平均消費者物價指數上漲率為5.4%，三十年之後本金的實質價值將降低五分之一左右。因此，這種債券的價值事實上是由利息支付來決定，償還本金的影響並不大。現在將年期拉長到一百年。考慮物價上漲率之後，屆時本金償還額將低於現有價值的一百分之一。

　　舉長期債券為例的原因是，不需要另外計算本金價值，非常容易就能計算出債券價格；也就是用每年支付的利息除以目前的市場利率，即可算出債券價格。舉例來說，有一種債券每年支付100美元利息，當市場利率為5%時，該債券的價值即為2,000美元（100美元／0.05＝2,000美元）。萬一市場利率升至10%的話，債券價值又會有什麼變化呢？運用上述公式，債券價值會跌至1,000美元（100美元／0.1＝1,000美元）。

由此可知，債券價值和市場利率呈現反比關係。當利率上升時，債券價格下跌；當利率下降時，債券價格上漲。如果屬於長期型債券，幾乎是按照這個公式來決定價格。若債券殖利率上升1%，也就是從5.00%升至5.05%，債券價格便會下跌1%。而債券利率對通貨膨脹相當敏感。當物價上漲被高度預估時，利率自然就會上升，這種關係連帶降低政府的負債額。

圖表9　瀕臨破產狀態的國家比例和引發通貨膨脹的國家比例

資料來源：Kenneth S. Rogoff and Carmen M. Reinhart (2009), "This Time Is Different: Eight Centuries of Financial Folly".

在1960年代，不是只有美國選擇了「引導通貨膨脹政策」。哈佛大學教授肯尼思‧羅格夫（Kenneth Rogoff）觀察1800年之後資本主義的歷史，認為大多數瀕臨破產的國家都是透過超過20%幅度的強烈通貨膨脹手段來擺脫破產命運。[5]也就是說，當面臨「國家破產，還是通貨膨脹」的抉擇時，大部分的國家都毫不猶豫地選擇了後者。

上述的三種對策中，第三種似乎是目前最有利的解決方案。最近歐洲中央銀行的總裁馬利歐‧德拉吉（Mario Draghi）表示：「我們將嘗試一切的方法，全力解決歐洲財政危機。」明白表示將實施大規模的擴張性貨幣政策，大量供給貨幣。這項措施期望能幫助歐洲經濟逐漸脫離財政危機的黑洞。

事實上，如【圖表10】所示，希臘的財政赤字規模正快速下降，歐洲經濟指標也有逐漸恢復的趨勢，但是我認為還不能掉以輕心，因為「固定匯率制度」本身結構性的問題依然存在，加上德國的態度隨時有可能轉趨強硬。

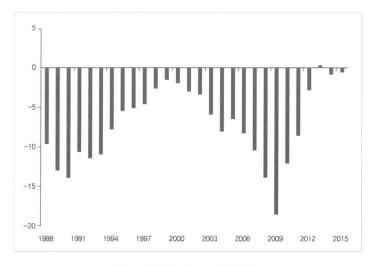

圖表 10　希臘對照 GDP 財政赤字走向
資料來源：國際貨幣基金。

　　目前我已經藉由幾個例子來說明固定匯率制度本身的局限，現在針對德國做更進一步的說明。德國在 1920 年代經歷過極度通貨膨脹，因此對通貨膨脹採取相當保守的立場。眼前全球的低油價抑制了通貨膨脹的壓力，德國對歐洲中央銀行總裁德拉吉所主導的擴張性貨幣政策可能會保持容許態度。

　　然而，一旦通貨膨脹的壓力升高，很難排除德國對

實施擴張性貨幣政策踩煞車的可能性。以目前的情況來看，無法預估何時會引發矛盾，但可以確定的是，當歐洲的通貨膨脹率上升至2%時，德國不可能坐視不管。我認為屆時歐元就會真正登上「審判台」了。

以我個人的淺見，歐元在「審判台」上將獲判二度「復活」。然而，這個問題已經不僅僅是經濟問題，已擴大成為政治問題了，因此帶有極大的不確定性。對這種「不確定性」不滿的投資人，很有可能兩年至三年內會持續採取迴避歐元的策略。

一點
就通！

韓國銀行經濟統計系統使用方法

　　韓國銀行經濟統計系統（ECOS；http://ecos.bok.or.kr/）是能夠簡單下載匯率、統計等各種經濟數據的網站，當然韓國國家統計廳網站（www.kosis.kr）的便利性也不亞於ECOS，但是由於ECOS的設計對新手來說最為方便，因此成為我首要推薦的對象。

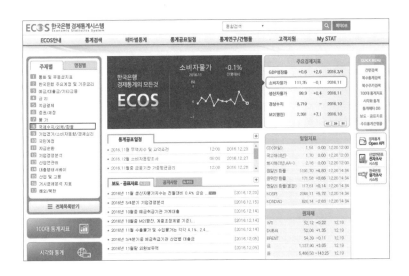

進入韓國銀行統計系統的網站後，會出現以下畫面。

畫面上有各種重要的經濟統計項目，由於我們的焦點是匯率，因此點選主頁「🔳 國際收支／外債／匯率」（국제수지/외채/환율）項目。這時右方會跳出新視窗，列出匯率和外匯相關的詳細分項。

為了下載其中的匯率統計資料，點選分項中標示為8.8「匯率」（환율）分項，便會出現以下畫面。（操作過程中會出現幾個安裝程式的指令，都是出於韓國銀行

匯率的真相

的網頁，可以放心下載。）

在這個畫面中，只要經過三個步驟，就能輕鬆下載數據資料。

第一步是點擊標示為8.8.1的「每日匯率」（일일환율），並點選標示為8.8.1.1「主要國家貨幣對韓元匯率」（주요국통화의 대원화 환율），再勾選右邊新視窗中第一個分項「韓元／美國美元（買賣基準率）」（원/미국달러（매매기준율））。

第二步是從最右邊視窗中選擇「查詢週期」（검색주기）或「查詢期間」（검색기간），選擇要下載的是按

	A	B	C	D	E	F	G	H	I	J	K	L	M
1	통계표	8.8.1.1 주요국통화의 대원화 환율											
2	항목명1	원/미국달러(매매기준율)											
3	단위	원											
4	변환	원자료											
5	2015/05/01												
6	2015/05/02												
7	2015/05/03												
8	2015/05/04	1,069.50											
9	2015/05/05												
10	2015/05/06	1,080.50											
11	2015/05/07	1,081.00											

「日」（일）的週期，或設定查詢期間，選擇想要的統計數據日期，或者選擇基本設定，會列出最近60個數據資料。

最後一個步驟是點選視窗最右邊上方的「查詢結果資料下載」（검색결과자료받기），點選「Excel」，並按下「確定」（확인），就能開啟如下的 Excel 檔案。

參考 Excel 的檔案，將圖表製作的順序和想要保留的部分以 Shift 鍵搭配方向鍵圈選之後，從最上方的工

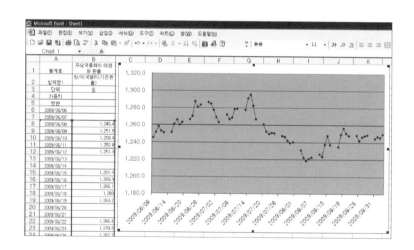

匯率的真相

具列選項中依序點擊「插入(I)→圖表(H)→圖表類型(C)→折線圖」，然後在右側的「副圖表類型(T)」中選取想要繪製的圖表樣式，就能畫出圖表了。

　　如果不滿意圖表的樣式，在圖表上點擊兩次，可以隨意變換樣式和字型，按照自己的喜好進行變更。一開始或許會覺得很難，但是實際操作之後就會發現比想像中簡單。如果手邊有Excel操作說明的書籍，不妨可以參考看看，更能幫助上手。

補充資料　台灣的資料則可參見中華民國統計資訊網（http://www1.stat.gov.tw/），該網站分為一般民眾、專業人士及兒童／學生不同族群，提供相關統計數據。

「近三十五年來，金融危機發生的次數和嚴酷超乎想像。若能有具效率的跨國性終端放款者（中央銀行），也許就能減輕金融市場的混亂。」

——查爾斯‧金德堡（Charles Kindleberger），《瘋狂、恐慌與崩盤》
（*Manias, Panics, and Crashes: A History of Financial Crises*）（2006）

第三章

如何預測匯率走向？

從第二章的歐洲財政危機可以知道「固定匯率制度」會招致多麼嚴重的後果。然而，浮動匯率制度雖然不會造成大災難，卻半強迫地促使企業或家庭收支等各種經濟活動的主體不得不研究匯率，算是多少帶來不便的一種制度。

　　第三章將針對這個部分，說明生活在浮動匯率制度下的人必須知道的核心匯率資訊，也就是預測匯率走向的方法。

01 決定匯率的原理

　　預測匯率走向的第一個疑問，通常是「匯率落在哪一個水準時最合理？」能夠幫助解開疑惑的就是「單一價格法則」（Law of One Price）。

　　所謂的「單一價格法則」是指相同物品在某個地方以統一價格販售的現象。假設用1,000元買了一顆蘋果，再拿到對面以2,000元價格販售，勢必人人將會起而效尤。但是，這種價差的情況維持不了太久，因為當人們藉機賺取利潤時，馬路兩邊相同品質的蘋果價格就會漸趨調整，最後成為相同售價。

　　不只是街頭，世界上任何地方都存在著「單一價格法則」。當然，不同國家之間所買賣的商品需要支付運

費，這部分有可能會衍生出價差。但是，如果價差超出運費水準，也無法在活絡的貿易市場中維持長久。

再舉一個例子，假設美國最新上市的iPhone售價為500美元，以美元對韓元匯率1：1,100來計算，韓國售價55萬韓元是最恰當的。假設韓國出現70萬韓元的高昂定價，即使以「直購」方式大規模進口，在韓國國內也賣不出去。結果會是二選一，調降國內iPhone售價或是調整匯率。

透過「單一價格法則」來推測各國貨幣價值的方法就是「大麥克指數」（Big Mac Index）。「大麥克指數」中的大麥克一詞，是取自跨國速食業者麥當勞（McDonald's）販售的最具代表性漢堡名稱。大麥克漢堡在韓國首爾是銷售居冠的商品，在紐約也是，如果比較大麥克漢堡的價格，就能得知全世界各國的物價水準。

舉例來說，美國的大麥克漢堡售價為3美元，而在韓國售價為4,000韓元，以1美元換算成1,100韓元來看，韓國的售價應為3,300韓元才合理，但是售價訂為

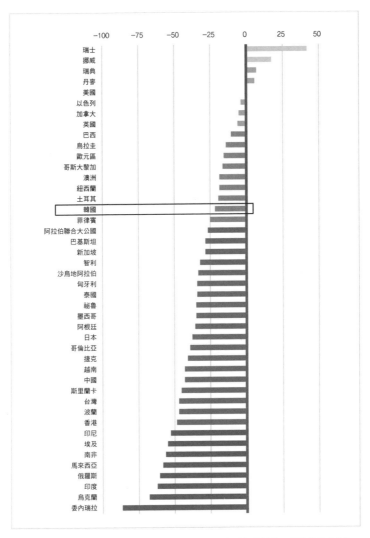

圖表1 以2015年7月為基準的大麥克指數走向（負值代表低估，正值代表高估）
資料來源：《經濟學人》。

4,000韓元，就等於韓國人比美國人支付更高的價格購買大麥克漢堡，這時候就違背了「單一價格法則」。如果不調整產品售價，就應該把匯率從1,100韓元調整為1,333韓元（＝韓元弱勢）。進一步來說，如果除了大麥克漢堡之外，大部分產品的售價都高於美國的話，就會形成一種從價格便宜的美國進口產品後，在韓國銷售的「獲利買賣」風潮。

獲利買賣的意思是從某市場買入資產，放到其他市場中出售來獲取利潤。前文提到的「直購」可以說就是一種獲利買賣。這個過程是向美國進口更多的商品，使得美元流向美國，最後會讓貿易收支失衡。當貿易收支出現逆差或順差規模縮減時，來自海外的外匯供給量減少，會造成外匯市場美元不足的現象。當美元供給量低於需求量時，美元指數會上漲，韓元價值下跌。也就是直到同一產品（適用匯率）在美國和韓國達到相同的售價前，1美元兌換成韓元的比例就會持續上升。

接下來假設相反的情況。如果大麥克漢堡在韓國的

售價低於美國時，又會出現什麼現象呢？在美元對韓元匯率1,100韓元的情況下，假設美國的大麥克漢堡售價為3美元，韓國為2,000韓元，進一步假設韓國大部分的產品售價低於美國的話，就會出現和前面完全相反的情況。根據「單一價格法則」，買賣行為會持續到韓國售價與美國售價一致為止。在這個過程中，韓國的出口量會大幅增加，經常收支也將會出現大規模順差。

這就是大麥克指數形成的由來。以美國販售的大麥克漢堡價格為基準，比較各國所販售的大麥克漢堡價格，推測哪一個國家的貨幣價值高出正常水準，或低於正常值。參考2015年7月《經濟學人》（Economist）雜誌的推測數據，韓國的大麥克漢堡售價比美國便宜約20%，依照這個法則所推測的「合理」水準，韓元價值被低估了。

補充資料　與實質有效匯率相對的是名目有效匯率（nominal effective exchange rate），它只衡量一國貨幣和其他外國貨幣的相對價值，是將本國貨幣對各種外國貨幣的名目匯率加以綜合加權。

◉ 什麼是實質有效匯率？

大麥克指數非常簡單，也是很有趣的發想，但是要用來評估匯率會有問題。因為經濟活動除了大麥克漢堡以外，還有無數的產品和服務，單就大麥克指數來判定一國的貨幣是否脫離合理水準，其實相當冒險。為了彌補不足所開發出來的指標就是實質有效匯率（real effective exchange rate）。名稱也許聽起來很難，但是內容其實並不陌生。

實質有效匯率和大麥克指數不同，並非藉由單一產品，而是反映主要貿易對象國家的匯率和整體消費者物價水準來推測匯率。舉例來說，當韓國的實質有效匯率從100上升至110時，可以推測韓元價值和其他國家相比呈現升高趨勢，意思是與其他國家相比，韓國物價的漲幅較大，或是代表美元對韓元匯率下跌。相反地，當實質有效匯率從110降到100時，韓國的物價比其他國家更加穩定，或是表示美元對韓元匯率上漲。

實質有效匯率由數家機構製作，其中國際清算銀行

（Bank for International Settlements, BIS）最具權威，因此我引用國際清算銀行的指標來觀察韓元價值的水準。

　　如【圖表2】所示，2010年匯率水準的假設值為100，而2015年底韓元的實質有效匯率顯示為111點，表示和2010年相比，韓元購買力上升了11%；也就是說，如果向海外購買產品，2015年韓國消費者可以用比2010年便宜11%的價格買到。但是，和2007年的水準相比，韓國的實質有效匯率仍下降了20%，因此韓元仍然處於被低估的局面。

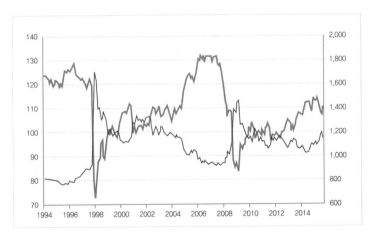

圖表2　韓國的實質有效匯率（灰線，左側）和美元對韓元匯率（黑線，右側）趨勢

資料來源：美國聯準會聖路易分行。

局勢不明的經常收支

　　將前文內容做個總結，當韓元的價值被低估而低於合理價值時，經常收支可能出現順差；相反地，當韓元價值被高估時，經常收支出現逆差的可能性很高。這種關係一直維持到2000年前後，但是之後卻出現不確定性。

◉ **韓元價值被高估時，經常收支為何呈現順差？**

　　【圖表3】是利用實質有效匯率標示出韓元高估和低估情況。1997年以前韓元價值高估（「正值」部分）時，經常收支呈現赤字；而韓元價值低估（「負值」部分）時，經常收支呈現順差。但是1997年之後，兩者關

係出現逆轉，韓元價值高估時，反而經常收支會出現順差；當韓元價值低估時，經常收支呈現赤字。

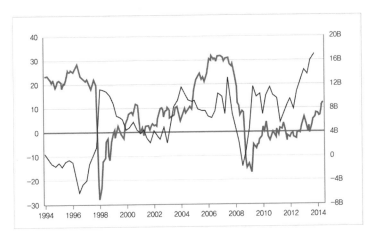

圖表3　韓元價值的高估或低估程度（灰線，左側）和經常收支（黑線，右側）
資料來源：美國聯準會聖路易分行。

◉ 為什麼出現這種奇特現象？

答案就是兩項變數（匯率和經常收支）彼此交互影響。1997年之前，美元對韓元匯率是固定制，經常收支會根據匯率高估或低估來決定。但是，在1997年之後

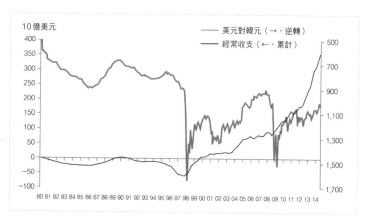

圖表4　經常收支（累計）和美元對韓元匯率走向
資料來源：韓國銀行經濟統計系統。

改為浮動匯率制度，當包括經常收支在內的數項指標出
現變動時，匯率早已率先反映在數字變化上，系統因而
出現改變。因此，韓元價值不僅要根據高估或低估的狀
態，還要考慮經常收支等匯率的決定要素。

　　【圖表4】顯示自1980年之後至今美元對韓元累計
經常收支的關係，很明顯可以看到經常收支的重要性逐
漸增加。1990年代後期，經常收支惡化之後，美元對韓

元匯率急速暴漲。相反地，2009年經常收支大為好轉之後，接著美元對韓元匯率就下跌了。

◉ 經常收支是如何形成的？

首先，從概念開始說明。國際收支是指在一定期間內，系統化記錄國與國之間發生的所有經濟貿易行為。[6]也就是說，包括經常收支在內的各種國際收支統計數字，記錄的是特定時間內的外匯走向，而不是餘額。如果用會計用語來說，不是代表資產負債表，而是屬於損益表。

國際收支根據貿易特性，大致分為經常收支和資本收支。經常收支由商品、服務及所得組成。這三個項目中，最重要的是以出口額和進口額差額計算的商品收支。出口大於進口時，商品收支為順差（正值）；而當進口大於出口時，商品收支呈現逆差（負值）。

排在商品收支之後，近來重要性日益增加的是服務

什麼是國際投資部位表？

　　國際收支統計當中，扮演財務報表之資產負債表角色的就是國際投資部位表（International Investment Position, IIP），它清楚記載一個國家擁有的對外投資存量、外國人投資存量，以及其中的變動細項。

收支。服務收支是指，跨國服務貿易所收取的費用和支付費用的差額。舉例來說，韓國的船舶或飛機載運商品時向國外收取的運費、外國觀光客在韓國的消費，以及貿易代理商收取的進出口佣金等，這些形成服務收入。相反地，韓國支付給國外的船舶或飛機運費、海外旅行經費、專利使用費等，全部屬於服務支出。

　　除了這兩項之外，所得收支（正確來說是移轉所得和淨所得）也對經常收支具有一定的影響力。最特別

的是，所得收支在4月和5月會出現大規模赤字，月跌幅相當明顯。在這段期間，韓國人短暫停留海外（一年內），藉由工作賺取收入，以及韓國當地短期僱用外國人而支付費用，兩者的差異形成工資和報酬（受僱者報酬）收支。另外，韓國人投資海外，獲得股息和分紅，以及韓國支付給外國投資人的股息與分紅，兩者的差異形成投資所得收支。4月和5月的所得收支便是由工資與報酬收支及投資所得收支所構成，因此每到4月至5月的配息期時，買進韓國股票的外國投資人就會大舉將股息匯出海外，使得所得收支出現高額赤字。當然如果韓國投資人逐漸增加海外投資額，也許有一天4月至5月的所得收支會出現順差。

◉ 經常收支會在什麼情況下出現順差？

現在來仔細說明經常收支的變動因素。就像第二章詳述歐洲財政危機的情況，經常收支基本上是以儲蓄和

投資做為函數。儲蓄大於投資時，經常收支出現順差；相反地，儲蓄小於投資時，經常收支便呈現赤字。舉例來說，2000年中期希臘景氣繁榮時，可以說因為投資頻繁，使得經常收支很可能會出現赤字。

除了國內的因素之外，影響經常收支的因素還有一項，就是貿易條件的變化。這裡的貿易條件，簡單來說是韓國出口產品價格和進口產品價格的比率。以公式表示的話，如下列所示：

貿易條件＝（出口單價／進口單價）×100

以1996年來看，韓國主要出口產品半導體的價格暴跌，代表貿易條件急速惡化。當貿易條件急速下滑時，經常收支會大幅出現逆差，原因是出口的款項相當不足用來支付進口產品的尾款。

相反地，從2014年下半年開始，國際油價急速下跌的情況大幅改善了貿易條件。韓國出口產品的價格不

變，進口產品的價格下跌，因此出口所獲得的款項支付進口產品的款項之後，仍然有大量餘額，所以經常收支出現順差。也就是說，當預測經常收支的變化時，不只要參考國內變數，也需考慮全球性指標，尤其是商品價格的動向。

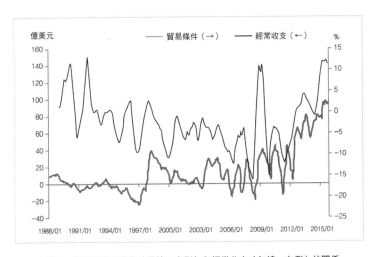

圖表5　貿易條件的變化（黑線，右側）和經常收支（灰線，左側）的關係
資料來源：韓國銀行經濟統計系統。

　　那麼現在是否只要了解實質有效匯率和經常收支這兩項變數，就能預測美元對韓元匯率的走向呢？當然長期趨勢是沒錯，超過十年，以三十年來看，經常收支順差的國家最後貨幣價值必定會上漲。以韓國來說，經常收支維持大規模的順差，不也帶動國家主權信用評等持續向上調升嗎？[7]

　　然而，如果預估短期，那麼經常收支的影響力並不大。如【圖表6】所示，即使經常收支維持順差，加上韓元也持續低估，2015年美元對韓元匯率始終維持上漲。（「韓元」部分）為什麼會出現這種奇特現象呢？

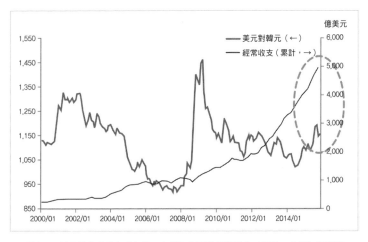

圖表6　美元對韓元匯率（灰線，左側）和累計經常收支（黑線，右側）的關係

資料來源：韓國銀行經濟統計系統。

◉ 注意美元指數變化！

　　為了解開這個疑惑，我們必須換個方向，先來了解海外變數。海外變數當中，最重要的是美元指數（dollar index）的變化。美元指數代表美國聯邦準備理事會（以下簡稱「聯準會」）每天公布的貿易加權匯率。所謂的「貿易加權」，顧名思義，美國將其認為最重要的歐元、英鎊

和日圓等主要六個國家的貨幣，根據貿易比重加權平均來計算。

　意思就是和影響全球的主要貨幣相比，美元獲得的評估指數。如果將這個指數和美元對韓元匯率做比較的話，如【圖表7】所示，會發現兩者具有相當密切的關係。美元指數上升時，美元對韓元匯率也會上升；相反地，美元指數下跌時，美元對韓元匯率也明顯下跌。然

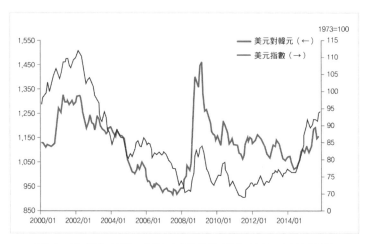

圖表7　美元指數（黑線，右側）和美元對韓元匯率（灰線，左側）的關係
資料來源：韓國銀行經濟統計系統、美國聯準會聖路易分行。

而，並不是沒有例外，在2006年至2007年間美元指數變化不大時，美元對韓元匯率卻大幅下降。

◉ 全球經濟低潮時，美元呈現強勢！

為什麼會出現這種現象呢？原因是美元強勢的信號。一般來說，當全球經濟陷入低潮時，也就是企業的倒閉風險升高，以及韓國等出口工業國的經濟面臨困境時，美元就會呈現強勢。這種現象可以稱為「安全資產偏好」現象，這個名稱來自於當投資人認為自己所擁有的資產價值下跌時，會偏向投資美元和債券等無風險資產。

【圖表8】顯示出美國投機等級公司債利差和美元指數的關係，每當投機等級公司債的利差飆升時，可以發現美元呈現強勢。相反的情況來看，當投機等級公司債的利差下降時，美元就會回到弱勢。

針對信用等級進一步說明的話，是根據履行債務能力（＝還債能力），公司債可以獲得從AAA到D的

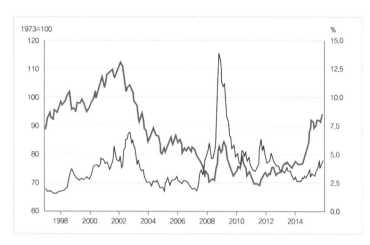

圖表8　美元指數（灰線，左側）和投機等級公司債利差（黑線，右側）的關係
資料來源：美國聯準會聖路易分行。

信用等級。企業所發行的公司債信用等級是由穆迪
（Moody's）或標準普爾（Standard & Poor's, S&P）等國
際信用評等機構，在韓國是由韓國信用評估和韓國信用
資訊等公司來決定。

　　前文提到的「投機等級公司債」指的是BBB－級以
下的債券，由於這類債券對機構投資人設定投資限制，
包括年金等項目，可以說是冒險投資人的投資商品。金
融市場中將這類商品稱為「風險資產」，和美元計價公

何謂利差？

　　所謂的利差是指信用等級最高的公債和公司債之間的利息差額。舉例來說，假設福特公司（Ford）發行的十年期公司債利率為10%，美國政府發行的十年期公債利率為2%，則利差為8%。

債等「安全資產」明顯有所區分。

　　之所以要了解這種風險資產的原因在於，這些投機等級債券不僅對經濟動向相當敏感，也能充分反映出金融市場的條件變化。投機等級公司債提供高額利率的背後，存在著無力支付高額本金的風險，因此冒險投資人必須時時觀察經濟狀況和金融市場的條件。若加以衍生，美國投機等級債券的利差顯示出，參與金融市場的投資人心理狀態和對未來經濟預估的指標。因此，如果

想要預測匯率的變化動向，國內變數要參考經常收支，海外變數則必須關注美國的投機等級公司債利差。

◉ 美國的實質利率牽動美元指數的變化

接下來針對投機等級公司債和美元指數的關係做統整，並說明影響美元指數的另一個因素。投機等級公司債的利差變化在2008年或2000年全球經濟呈現出疲軟風險時，充分反映了美元強勢。但是，除了這個時期之外，對於預測美元指數的變化並沒有太大的助益。自2014年起，美元走強就是最具代表性的例子。2014年開始，美元正式進入上漲趨勢，但是投機等級公司債的利差並沒有出現太大的變化。

那麼2014年起美元走強的原因又是什麼呢？

答案是美國實質利率的上升。美國的實質利率重要性，在於能夠反映出一向被視為「安全資產」的美國公債「守住多少投資人的購買力」。雖然世界上許多機構

投資人偏好美元計價債券，但是萬一投資了美元計價債券後，獲得的利息低於通貨膨脹率，必定會感到憂心忡忡。假使美國公債提供正值的實質利率呢？那麼就會成為「一舉兩得」的選擇。也就是說，為了因應諸如2008年全球經濟危機的時期，美元資產可以當作一種「保險」，再加上能夠獲取正值的實質利率，因此吸引眾多投資人投資。

圖表9　美國美元價值（灰線，左側）和美國實質利率（黑線，右側）的關係

資料來源：美國聯準會聖路易分行。

2014年起，美國實質利率的上升是由於美國央行角色的聯準會自2006年以來首度上調利率的動向。一般來說，政府的利率政策會直接影響銀行間的短期利率，而美國中央銀行的升息動作則會撼動整體債券市場。聯準會升息的原因在於「復甦景氣」或「調高物價」，不可避免地也會對長期性債券的利息產生影響。

當然除此之外，美國的貿易收支、美國和歐洲間利息差額等各種數據也是預測美元指數的輔助指標，然而其重要性仍不及美國投機等級公司債的利差與實質利率。

04　金融風暴是否可能再起？

學習預測匯率變化的同時，我想應該有許多讀者憂心「韓國是否可能再次面臨金融危機」。以結果來說，至少五年內韓國面臨外匯風暴的可能性趨近於零。我之所以如此深具信心，第一個根據是來自於「韓國實施的浮動匯率制度」。

◉ 1998年俄羅斯 vs. 2014年俄羅斯

現在來看看俄羅斯在1998年和2014年的經濟情況，了解匯率制度的變化帶來的影響。【圖表10】是1998年當時俄羅斯盧布（Ruble）的匯率變化。由表可

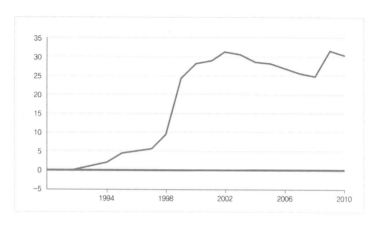

圖表10　1998年前後俄羅斯盧布的匯率走向

資料來源：美國聯準會聖路易分行。

知，1997年亞洲發生金融風暴時，原油需求下降，俄羅斯的經常收支隨即急遽失衡，陷入金融危機。

1998年俄羅斯政府宣布延期償付，也就是暫停償還所有利息和本金，原因到底是什麼呢？答案就在於固定匯率制度。由於俄羅斯的匯率採固定制，油價下跌立刻導致政府財政收入減少，使得經常收支出現逆差。外國投資人趁機拋售盧布計價資產，外匯當局為了維持匯率而介入，終於外匯存底枯竭，引發經濟嚴重停擺，最終

俄羅斯政府宣布延期償付所有外債。

然而，到了2014年的情勢就全然不同了。【圖表11】是2014年8月國際油價暴跌前後俄羅斯盧布的匯率趨勢。

2014年和1998年一樣，俄羅斯的出口大宗仍為原油與天然氣，因此國際油價下跌所帶來的衝擊如出一

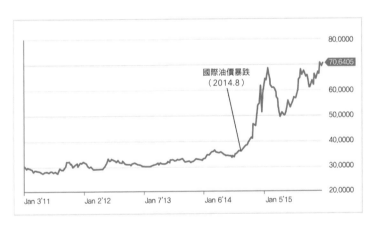

圖表11　2011年至2015年來美元對盧布匯率趨勢

資料來源：雅虎財經（Yahoo! Finance）。

補充
資料　截至2016年12月為止，台灣的外匯存底為4,342億美元。

轍。但是，有別於1998年，美元對盧布匯率從33暴漲兩倍以上，來到70，換算成盧布的原油輸出價格因而大幅上漲，結果讓俄羅斯財政收支維持順差，甚至改善了經常收支。而俄羅斯的外匯存底在暫時短缺之後，最近又重回穩定。（以2015年11月為基準，俄羅斯的外匯存底達到3,650億美元。）

由這個例子可以得知，採取浮動匯率制度的國家陷入金融風暴的可能性較低，尤其是一窩蜂「爭購」美元時引起突發性的「缺乏償債能力」問題。

充裕的外匯存底，扮演「安全網」角色

這種週轉危機凸顯出外匯存底的重要性。當國家擁有充足的外匯存底時，即使經濟受到衝擊，也得以有喘息的空間。

1997年，當時韓國向國際貨幣基金申請救助貸款的原因，正是外匯存底枯竭，以及外匯市場喪失功能。當

外匯市場失去作用時，出口企業失去收取款項的途徑，進口企業也無法從海外進口所需物品。尤其像韓國這種必須仰賴大量進口原物料製成產品，以供出口的工業大國，一旦外匯存底枯竭，就等於宣告經濟癱瘓。因此，即使深感屈辱，韓國也不得不向國際貨幣基金借款。

如今局面全然不同。如【圖表12】所示，韓國每月經常收支順差幾乎達到100億美元，外匯存底正在不斷

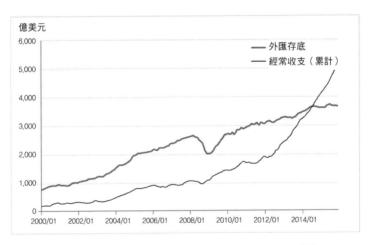

圖表12　韓國外匯存底（灰線）和累計經常收支（黑線）的趨勢
資料來源：韓國銀行經濟統計系統。

109

累積。和經常收支正值累積的速度相比，外匯存底的增加速度顯然緩慢，但是在韓國投資公社（KIC）與韓國銀行對於外匯市場的介入下，估計目前韓國可用的外匯存底超過4,000億美元。

即使出現突發性的週轉危機，也能憑藉充裕的外匯存底來因應，因此韓國要再發生像1997年尋求援助情況的可能性極低。

◉ 沒有「外匯」危機，不等於可以避免經濟惡化

也許會有讀者對於這個章節產生誤解，我最後補充說明一點，就是金融風暴發生的可能性低，並不等於經濟蕭條發生的機率低。資本主義經濟過去時常面臨經濟蕭條的週期性循環，從2008年迄今，美國等先進國家七年來處於經濟擴張狀態，不久的未來很有可能再次面臨經濟蕭條。

即使經濟再度蕭條，也不過會像2008年一樣出現匯

率暴漲，景氣陷入低迷，而要如同1997年尋求國際貨幣基金金援歷史重演的機率卻極低。當2009年美元對韓元匯率升至約1,500韓元時，韓國經常收支順差額達到336億美元，比起2008年（32億美元）增加超過十倍。之所以會出現這種現象，是因為當匯率暴增時，內需經濟凍結，進口大幅縮減；也就是說，經濟蕭條引發匯率上漲，進而擴大經常收支順差額。在經濟蕭條過後，美元對韓元匯率很可能一舉下跌。

在第四章中將沿用上述的論點為基礎，探討韓國是否可能避開經濟蕭條。為何韓國景氣會出現如此大起大落的變化？讀者看完第四章之後，應該就能解開疑惑了。

一點就通！ 韓國經濟數據取得方法

　　韓國國家統計廳（KOSIS；www.kosis.kr）是韓國主要經濟數據統整單位，但是因為數據資料過於龐大，而造成查詢不易。在各項經濟統計中，先來了解如何下載韓國的領先指標綜合指數和前年同期相比的年增率數據。

　　點選主頁中間「景氣・企業經營（事業體）」（경기・기업경영(사업체)）之後，會出現五個詳細分項。我們想要了解的是景氣領先指標，因此點選第三項「景氣」（경기）中第一個分項「領先指標綜合指數」（경기종합지수），接著會出現如下圖的「領先指標綜合指數（2010=100）」（경기종합지수(2010=100)）和「領先指標綜合指數（2010=100）構成數列」（경기종합지수(2010=100) 구성지표 시계열）。

這兩項都是重要的指標，但是為了找出和前年同期相比的年增率，再次點選「領先指標綜合指數」之後就會出現新視窗。

　　點選新視窗中左上方綠色欄位的「連貫設定」（일관설정＋）之後，可以進行三項設定，包括項目（항목）、指數類型（지수별）和日期（시점）。

경기종합지수(2010=100) (9차) 　　　　통계설명자료　온라인간행물　보도자료

출처：통계청, 경기종합지수 [더보기▼]

자료갱신일 : 2016-11-30 / 수록기간 : 월 1970.01 ~ 2016.10 / 자료문의처 : 042-481-2229

| 일괄설정▼ | 항목[1/1] | 지수별 [33/33] | 시점 [6/562] |

새창보기▶ 주석｜ URL▶

지수별	2016. 10 p)	2016. 09 p)	2016. 08 p)	2016. 07	2016. 06	2016. 05
선행종합지수(2010=100)	127.9	127.3	126.5	125.8	125.3	124.9
선행종합지수 전월비(%)	0.5	0.6	0.6	0.4	0.3	0.3
재고순환지표(전월차) (%)	-0.9	1.1	0.7	1.6	2.2	3.3
소비자기대지수(전월차) (p)	0.1	1.0	0.9	-0.7	-0.6	0.6
기계류내수출하지수(선박제외)(전월비)(%)	1.8	1.5	1.2	0.0	0.6	2.0
건설수주액(전월비)(%)	-3.0	4.5	19.9	8.6	-7.9	-10.5
수출입물가비율(전월비) (%)	-0.2	0.4	0.1	-0.4	-0.9	-1.2
구인구직비율(전월차) (%p)	1.5	2.3	1.4	1.4	-0.3	-1.3
코스피지수(전월비)(%)	0.5	1.1	1.2	0.1	0.0	1.1
장단기금리차(전월차) (%p)	0.05	-0.01	-0.01	-0.02	0.00	-0.01
선행지수 순환변동치	101.0	100.9	100.7	100.4	100.3	100.4
(순환변동치 전월차) (p)	0.1	0.2	0.3	0.1	-0.1	0.0
동행종합지수(2010=100)	122.3	122.4	122.4	121.8	121.0	120.4
동행종합지수 전월비(%)	-0.1	0.0	0.5	0.7	0.5	0.5
광공업생산지수(전월비) (%)	-1.2	-0.2	-0.5	1.3	0.5	0.2
서비스업생산지수(도소매업제외)(전월비)(%)	-0.2	0.0	0.7	0.5	0.8	0.3
건설기성액(전월비)(%)	-0.8	-0.5	2.3	2.8	0.3	1.5
소매판매액지수(전월비) (%)	0.8	-1.7	0.2	-0.2	0.5	1.6

匯率的真相

　　如果更換指數類型右方的數字則會切換列表，接著選擇列表中各個統計項目的詳細變數，或者只顯示大分類。如果想要下載全部項目，可以選擇「＞＞」，若想要下載特定數據，則選擇「＞」。如果想要從所選的項目中排除某些特定數據，可以選擇「＜」，如果要將所選項目全部刪除時，選擇「＜＜」即可。

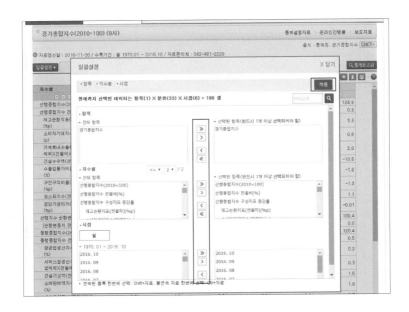

設定完成之後必須點擊右上方藍色欄位「套用」（적용），如果忘記點選這個部分，會發現下載後的資料是變更前的資料，因此最後務必記得進行確認動作。

點選「套用」之後，接著在右上方點擊下載檔案的圖示，會出現新視窗，為了將所選項目的數據下載成EXCEL檔案，需點選第二項「EXCEL(xls)」之後，點擊下方藍色圖示「下載」（다운로드）即可。

「在沒有開發大量油井和發展激進新技術之下，油價出現暴跌時，是由於經濟惡化，需求急降。如果不希望經濟惡化，就只能祈求油價上漲。」

——肯·費雪（Ken Fisher），《投資最重要的三個問題》（*The Only Three Questions that Count: Investing by Knowing What Others Don't*）（2006）

第四章

充滿危機與機會的時代

第三章總結來說，韓國再度面臨如1997年金融風暴的可能性極低，但是並不代表韓國不會面臨經濟危機。坦白說，韓國在近五年內再次發生如2000年經濟蕭條的可能性相當高，這可以說是韓國的命運。

　　提到命運的原因是，韓國的經濟在1960年代初期開始快速工業化，形成以出口為主的經濟結構，歷經1997年的金融風暴之後，對海外景氣狀況變得相當敏感。結果就是當先進國家景氣出現些許衰退現象時，就會對韓國經濟造成具殺傷力的衝擊。「只要美國打一個噴嚏，韓國就會得肺炎。」這就是韓國經濟整體的現況。無論有多少的外匯存底，或是如何在適當時機介入外匯市場，也無法改變這種原始結構。

　　了解這種結構之後，唯一的因應之道就是守住財力，並且累積未來的財富。當然，「幸運者」並不在此列。對於天生好運，很容易中樂透的幸運者來說，這些常識一點都不重要，因為當財富變少時只要再買樂透就行了。但是，如果你認為自己沒有這麼幸運，就一定要了解第四章的內容。

01 高度仰賴先進國家的消費市場

　　牽動全球景氣最重要的因素是「消費」，主要來自於美國等先進國家的消費。只要了解這一點，就能理解開發中國家的經濟為何會如此頻繁地面臨景氣停滯和景氣繁榮，也能夠大致預測未來景氣的變動。

　　那麼為什麼美國等先進國家的消費者行為會導致開發中國家，甚至是全球的景氣變動呢？

　　原因是開發中國家的消費指數比例非常低。中國是全球第二大經濟體，但是2013年中國的儲蓄率達到約49.5%。〔根據世界銀行（World Bank）公布的數據，隨著預測的機構不同，中國的儲蓄數字會有些許不同。〕也就是說，中國人民所得當中只有50.5%用來支

出。雖然中國有13億人口的龐大商機，但是由於儲蓄率高，使得中國內需市場規模只占全球整體經濟的5.2%。而總人口占全球第二大的印度，其消費市場占全球2.1%，甚至不及韓國與台灣等新興工業國家的2.9%。

🔄 中國讓全球消費市場哭泣的一天？

為什麼會出現這種現象呢？北京大學的麥克·佩蒂斯（Michael Pettis）教授認為，決定各國儲蓄率的變數是經濟中的家庭收支比重和所得分配不均的程度，最後一項則是金融機構的發展程度，他認為中國的這三項變數都有問題。[8]

其中最重要的決定因素是，GDP中的家庭收支比重。當家庭收支比重高時，則儲蓄率低；當家庭收支比重低時，則儲蓄率高。其次，決定儲蓄率的因素是所得分配不均的程度。所得分配不均的程度愈高，儲蓄率也會上升。最後一項因素則為，是否具備支持消費的信用功能。

匯率的真相

122

如果出現改變這一、兩項因素的政策，就會立刻對儲蓄率造成影響。中國的經濟成長是在被低估的貨幣價值、低薪資調漲率，以及最重要的低利率影響下，從家庭取得豐厚資金的結果。中國經濟急速成長的同時，經濟成長中所占的家庭收支比重大幅降低，而儲蓄率則是急速攀升。

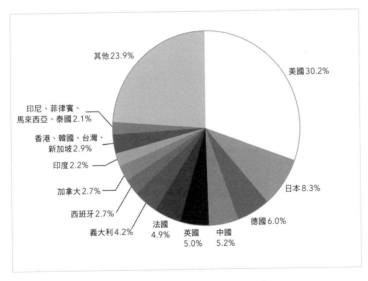

圖表1　全球消費市場中主要國家的比重

資料來源：國際貨幣基金、瑞士信貸銀行（Credit Suisse）預估。

分析：以2009年為基準，美國、德國等G7國家的消費力在全球所占比重約為61.2%。相反地，總人口高居全球第一、二位的中國與印度消費力總和卻只占7.4%。

中國維持低比重的家庭收支，加上無法消弭的所得分配不均現象，使得中國未來要大幅降低儲蓄率實屬不易。雖然金融機構的發展勢必會加速化，但是最近地方政府負債以債券方式交換（swap）的過程中，金融圈所承擔的損失結構看來，未來仍是漫漫長路。[9]結論就是從全球經濟影響力的層面來看，先進國家消費市場的角色顯然比中國等新興國家消費市場更為重要。

參考2009年資料，七大工業國（G7）國家在全球消費力中占約61.2%，其中美國占一半以上30.3%，因此論及全球經濟時，不得不先提及美國消費者的動向，接著是歐洲和日本的消費者。

◉ 消費指數比投資更重要的原因

這裡衍生出一個疑問。雖然先進國家的重要性不容忽視，但是一定非得消費不可嗎？一般不是說，為了刺激經濟成長，企業的投資比什麼都更重要嗎？那麼在討

論景氣變動對韓國經濟的影響時，為什麼集中在先進國家的消費指數統計呢？

第一個理由是先進國家的民間消費支出比例相當高。美國等大多數先進國家的消費支出占國內生產毛額近三分之二的比例。從全球經濟影響力的層面來看，消費比例賦予壓倒性的影響力。

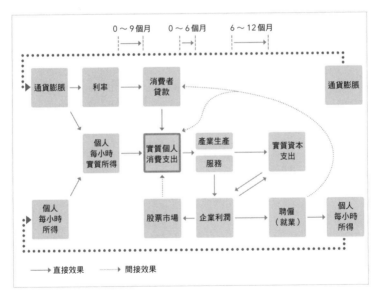

圖表2　始於消費的景氣變動進行過程

資料來源：約瑟夫・埃利斯（Joseph H. Ellis），《我在高盛的經濟預測法》（*Ahead of the Curve : A Commonsense Guide to Forecasting Business and Market Cycles*）（2005），第52頁。

而另一個更重要的理由是，消費真正出現改善之後才能吸引企業投資，相反地，當消費出現疲軟徵兆時，也會造成投資急速減少。也就是如【圖表2】所示，消費先於投資。

【圖表2】中最重要的部分是實質個人消費支出。（標示粗框的部分。）美國的實質個人消費支出增加之後，經過零至六個月，產業生產也增加，但企業對於這種消費者支出增加是短期現象，還是長期持續的現象，並不容易判別。因此，持續觀察六個月左右的消費動向，等到確定消費開始提振之後，就會正式聘僱員工、補足缺少的原料，並且增加工廠產線，才是企業通常的做法。

而美國在2001年9月11日發生大規模的恐怖攻擊事件之後，曾經同步減少消費和生產，這種情況十分特殊，是由於恐怖攻擊使得大部分的消費者心生恐懼而減少消費。排除這種特殊情況的話，企業為了因應消費者短暫的支出變化，會以「充足的庫存」維持事業運作。

企業在確定消費行為是持續性增加，以及庫存開始

遠低於預期的合理水準之後，就會開始擴大生產。在這個過程中，企業的獲利快速累積，而利潤能夠快速改善的原因是，既有的設備稼動率提升，能夠以付出非常低成本的方式大幅提升產量。為什麼我會用「非常低」來形容呢？因為一般企業的銷售成本中，人事成本和變動成本所占比例相當低的關係。

經由這個過程，使得企業的利潤和股價上升之後，接下來才會開始投資。產量增加過後六至十二個月會開始投資設備。投資比消費與生產晚一年起步的原因是，投資所帶來的風險極高，企業在投資時和投資前必須一再慎重考量資金流通與償債的問題。假設某項投資在完成之前出現需求減少，除了會導致企業經營績效惡化之外，更有可能失去償還債務的能力。因此，大多數的企業在產量確實增加，預估未來需求穩定時才會開始進行投資。

企業的設備投資會即時牽動就業機會。企業在生產初期是透過延長勞工的工時，因應增加的需求。但是，當需求大到企業必須新增生產線時，擴充人力會帶來更

多的好處。當就業機會增加時，勞動市場的供需平衡機制使得勞工逐步獲得有利的局面，有可能提高實際工資。當然像2008年經濟蕭條造成大量的失業者，在這種情況下就很難提高工資，然而一旦企業正式投資，就業條件改善的話，最後會連帶調高實際工資。

總結來說，首先當消費開始增加之後，經過零至六個月企業會增加產量。當產量增加持續六至十二個月以上，企業業績改善之後，就會逐漸進入設備投資和擴充人力階段。如果有效勞動力不夠充足，過程中會促使提高工資，經濟也邁向復甦的局面。相反地，當實質個人消費支出開始降低時，隨之而來是生產減少，接著是削減資本支出和人力，造成經濟衰退。也就是說，最重要的因素是民間消費的變動，其餘都只是附帶因素。

02 左右經濟與外匯市場的長鞭效應

　　前文說明了美國的實質個人消費支出對全球經濟帶來的重大影響，接下來將進一步說明消費性支出變化對產業生產的「破壞力」。簡單來說，如果消費性支出增加1%，產業生產又會增加多少呢？

　　這個問題為什麼會如此重要？美國的產業生產變化不但會對韓國的出口造成立即的影響，影響程度更是數倍之多。如果先簡單假設美國的實質個人消費支出增加1%，使得美國的產業生產提高2%，那麼韓國的出口增加率就會增加5%至10%。

◉ 美國消費性支出的細微變化，引發韓國出口的巨大變化

這種現象的發生原因是什麼呢？答案就是「長鞭效應」（Bullwhip effect）。所謂的長鞭效應，是指當鞭子前端出現幾公分的震動幅度時，鞭子末端就會發生幾公尺的巨大波動。當需求出現變化時，位於供應鏈終端的上游企業，會比供應鏈的中游企業受到的影響程度更加劇烈。

第一個發現長鞭效應的是全球生活用品製造商寶鹼（Procter & Gamble, P&G），是由該公司的嬰幼兒尿布物流負責人在分析需求變動時所發現的。[10] 嬰幼兒尿布的商品特性是，消費需求量通常維持在固定數量，但是負責人發現零售商和批發商的訂購量卻天差地遠。而這種訂單變動的幅度從「消費者→零售商→批發商→製造商→配件商→來源」，也就是供應鏈愈往上游，距離消費者愈遠時，變動就會愈大。

究竟是什麼原因造成這種現象呢？出現「長鞭效應」的第一個原因是，需求變異。當消費者需求突然增加時，零售商預期未來需求激增的心理下，會向批發商訂購超過實際需要的數量。

假設A&F生產的T恤需求量比預估增加了5%，[11]這時候為了因應新需求，零售商就必須比去年增加8%，甚至10%的庫存量，因為目前5%的需求增加量讓庫存遠低於「合理」水準。集結A&F零售商訂單的紐約代理商也會因為相同理由，而向製造商訂購超過實際訂單的數量；也就是需求預測愈往供應鏈的上游愈形扭曲。在製造商固定供貨量的情況下，當然會優先出貨給一次下最大訂單的批發商，而各家廠商為了搶奪貨源，爭先拋出超過實際訂購量的訂單以保障貨源，最後造成需求極度變異。

供應鏈中出現長鞭效應的第二個原因是，距離消費端愈遠，訂購的數量愈大。舉例來說，消費者在零售店購買一、兩項商品，但零售商向批發商訂購時是以箱來

計算，而批發商則是以卡車為單位向工廠訂購；也就是說，愈往供應鏈上游，基本訂購單位就會愈大。當訂購單位愈大時，庫存就會愈多，庫存量增加也就成為出現變化時無法即時反應的原因。

長鞭效應最後一個發生原因是，商品從下訂單到貨物抵達時的時間差。貨品不是一下單就能馬上拿到的，需要有處理訂單和物流運送的時間。問題在於，供應鏈中各自的發貨時間不同。如果說零售商向批發商下訂單之後，商品送達需要花費三到四天左右，批發商向生產

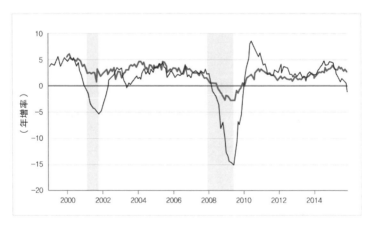

圖表3　美國的實質個人消費支出成長率（灰線）和工業生產成長率（黑線）的關係
資料來源：美國聯準會聖路易分行。

廠商下單後就有可能需要花費好幾週的時間才能將商品
送達；也就是愈往供應鏈上游，物流運送時間愈長。訂
單處理時間愈長，就會導致訂購量增加，也促使庫存量
因而增加。

【圖表3】充分反映上述的現象。圖中顯示，實質
個人消費支出的變化雖然不大，但是工業生產成長率卻
出現極大的變化。最具代表性的時期是，2001年實質個
人消費支出較去年同期增加1%，工業生產成長率卻跌
至－5%。而美國工業生產的細微變化，對韓國等海外

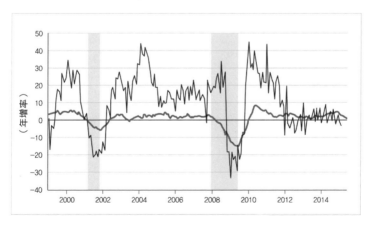

圖表4　美國的工業生產成長率（灰線）和韓國出口成長率（黑線）的關係
資料來源：美國聯準會聖路易分行。

配件出口供應商的震幅極大。

　　【圖表4】呈現出韓國出口和美國工業生產成長率的關係。韓國出口量的變化幅度介於最大50%與最小－30%之間，而美國的工業生產成長率則是最大15%，最小為－20%，可見韓國的出口變動幅度比美國工業生產變動幅度高出近三倍。這種現象的成因就是前文提及的「長鞭效應」，也可以說是由於韓國企業位於供應鏈上游的關係。

◉ 國際油價下跌時，會如何影響韓國出口？

　　這裡補充說明一點，【圖表5】顯示韓國出口成長率和國際油價的關係，可以非常明顯地看出長鞭效應的影響。乍看之下，當國際油價下跌時，似乎先進國家的消費性支出增加，韓國的出口正向變化，但是其實結果卻恰恰相反。

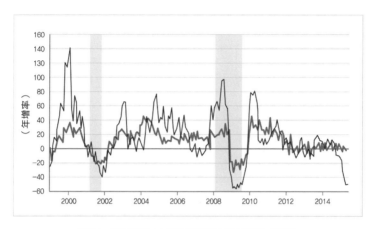

圖表5　韓國出口（灰線）和國際油價（黑線）的關係
資料來源：美國聯準會聖路易分行。

　　這種現象出現的第一個原因是，出口單價下跌。韓國的出口產品大多是「原料」或「零組件」結構，國際油價下跌，使得原料價格調降，因此出口單價也會向下修正，而出口單價下跌，當然也會導致出口額下降。

　　第二個原因是「長鞭效應」。當美國和先進國家的消費性支出減少，景氣下滑時，導致韓國對生產產品或原料的需求急速趨緩，尤其「庫存」更能凸顯這種效應，正如前文提到的內容。

上述分析帶給我們的啟示是「這是一個極其複雜的世界」。經濟學教科書上學到的知識並不能順利套用在金融市場或真實世界，尤其像韓國這樣位於供應鏈最末端的國家，必須銘記考量各個層面。

03 當股價跌跌不休

　　國際油價和韓國出口成正比，相信會帶來許多疑問。現在我將擴大分析範圍，同時探討外匯市場。

　　先來回顧長鞭效應的定義，長鞭效應是在「最終消費者→零售商→批發商→製造商→原料供應商」一連貫的供應鏈中，距離消費者愈遠，需求變動幅度愈大的現象。就像揮舞鞭子時，即使輕輕揮動握把的部分，愈往末端呈現的波動就會愈大。只要運用長鞭效應的原理，就能了解經濟和外匯市場的連貫關係。從現在開始將進入核心部分，需要更多的專注力。

◉ 匯率上升時，股市會出現什麼變化？

【圖表6】呈現出和經濟學原理背道而馳的現象。也就是當美元對韓元匯率上升時，韓國綜合股價指數（Korea Composite Stock Price Index, KOSPI）下跌。

不覺得很奇怪嗎？在韓國GDP中出口所占比例超過50%，出口競爭力預期改善的情況下，美元對韓元匯率上升，但股價卻頻繁下跌的理由是什麼呢？有兩個說法可以解釋這種現象：一是股市的「非理性層面」；二是

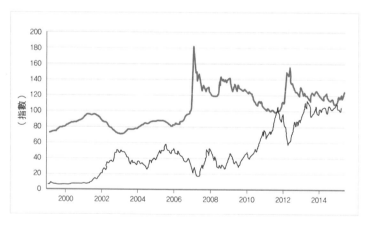

圖表6　韓國股價（黑線）和美元對韓元匯率（灰線）的關係

資料來源：美國聯準會聖路易分行。

「長鞭效應」導致的自然現象。

先從第一個說法來看，這種主張認為股市不過是合法賭場，股市中的交易價格只是按照非理性的投資人所做的偶然決定。但是，這種主張有兩個缺陷：第一是忽略機構投資人的存在。外國的基金經理、韓國的年金等機構投資人是相當理性，也是經過數年或數十年訓練的人。難道就連這樣的機構投資人也會被非理性的狂熱和

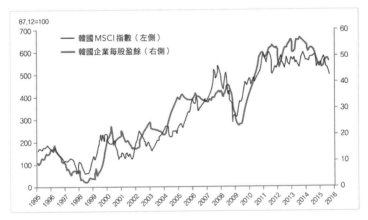

圖表7　MSCI韓國指數和韓國企業的每股盈餘（Earning Per Share, EPS）

資料來源：摩根士丹利資本國際指數（MSCI）、湯森路透（Thomson Reuters）。

說明：左軸是MSCI韓國指數（Korea Index），右軸代表韓國主要企業的利潤。湯森路透將全世界分析師的利潤預估值加以集結統計，銷售給需要的投資人，而韓國的Wisefn和FnGuide也針對韓國企業提供分析師利潤預估值數據。

恐慌掌控，不合理地操控股市價格嗎？而這類機構投資人在市場中的比重日益增加，更凸顯出「股市＝賭場」的說法值得懷疑。

認為「股市＝賭場」的第二個缺陷是，股市走向和企業業績之間密不可分的關係。【圖表7】顯示出企業業績與股價之間有相當強力的連貫關係。那麼在機構投資人的比例高，企業業績和股市關係深厚的情況下，為什麼匯率上升時，股價卻會下跌呢？

也就是說，當匯率上升時，企業業績惡化的理由是什麼？以下就針對這一點仔細探討。

◉「匯率上升＝股價下跌」的原因，在於長鞭效應

「匯率上升＝股價下跌＝企業業績惡化」現象可以從「長鞭效應」得到解釋。先來做個假設，當美國消費性支出增加時，全球投資人會買進美國的美元資產，還

是會購買韓國等開發中國家的資產？

關於這個問題，全球投資人的答案相當明確。當先進國家景氣熱絡時，全球投資人會投資韓國等開發中國家的資產；相反地，當先進國家景氣衰退時，會集中出售韓國等開發中國家的資產。甚至在2008年美國不動產市場泡沫化時，在次級房貸風暴前後，全球投資人反而處分韓國股票，買進美國股票。

全球投資人在先進國家的消費趨緩時，買進美國等先進國家資產的理由是什麼？

最直接的原因和企業業績展望不佳有關。【圖表8】可以看出韓國企業的業績基本上對美國等先進國家的消費性支出動向相當敏感。簡單來說，美國的實質個人消費增加率從平均水準（3%上下）上升1%時，韓國企業的業績出現近100%的極大變動。發生這種現象最直接性的理由就是，韓國企業位於供應鏈的末端，也就是引發「長鞭效應」的幾個因素（需求扭曲和大量訂購的必要性，以及買賣問題），助長了韓國企業業績的變動性。

從結論上來說，外國投資人的行為實屬合理。韓國企業業績下滑的速度比美國企業業績下滑的速度更快，和韓國股票相比（站在基金經理人的立場，超過90%以上的總資產是以股票方式持有），買進美國股票是更適當的做法。這種外國投資人行為持續匯聚的結果，就是當匯率上升時，股價會出現下跌的現象。

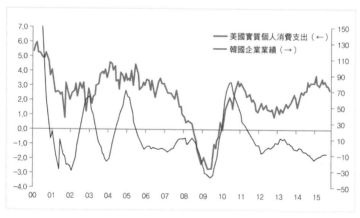

圖表8　美國實質個人消費支出（灰線，左側）和韓國企業業績（黑線，右側）的關係
資料來源：湯森路透、美國聯準會聖路易分行。

匯率的真相

04 匯率變動如何影響企業獲利？

　　事實上，匯率上升對韓國出口和企業業績帶來了負面影響。乍看之下，匯率上升應該能夠改善韓國企業的競爭力，但是數據所呈現的結果卻完全相反。當匯率上升時，出口趨緩，連帶影響企業業績。

　　會出現這種現象的原因大致上有兩個，正如第三章所提到的，匯率上升源自於經常收支惡化的可能性不容忽視。經常收支惡化有可能是來自於韓國交易條件惡化，或是韓元價值被過度高估，超出合理水準的結果。沒有人會想要投資因為經常收支惡化，而導致匯率暴漲可能性增高的國家，結果可能就會像最近的巴西一樣，引發嚴重的經濟衰退問題。

第二個原因則是「長鞭效應」。先進國家的消費性支出突然出現趨緩訊號時，韓國等新興出口國家所遭受的衝擊會比先進國家企業更大。這時候站在全球投資人的立場來看，繼續持有韓國股票反而不如拋售之後再買進美國等先進國家的股票，對獲利來說會是更好的選擇。

　　結論是，匯率上升對股市的參與者來說並不是好消息。非預期的匯率上升使得憂心的投資人拋售持股，或是很有可能會導致企業業績急速下滑。因此，匯率異常暴漲，特別是第三章提到的美元強勢、投機等級債券、利差增加等匯率的預測指標呈現不穩定時，就必須防範股市重整的可能性。

查詢美國採購經理人指數

以下說明從美國供應管理協會（Institute for Supply Management, ISM）網站下載新增訂單指數的方法。雖然這是英文網站，但是標示方式卻相當簡單明瞭，在操作上並不會有太大的問題。

造訪美國供應管理協會網站

首先，進入美國供應管理協會的網頁，可以直接輸入網址（http://www.ism.ws/）或在入口網站輸入「美國供應管理協會」的關鍵字，很快就能找到了。

我們需要關注的是最近公布的供應管理協會報告，因此點選網頁上方「NEWS & RESEARCH」之後，選擇第二個「ISM *Report On Business*®」分項。

◉ 注意歷史數據

接著如下頁的圖示，新畫面中的「Most recent PMI report」就是我們要找的統計數據，不但包括最近發布的ISM採購經理人指數（PMI），也有我們需要的新增訂單（New Order）指數等各項詳細指標的走向。

但是「Most recent PMI report」僅能顯示最近的趨勢，無法得知過去的歷史走向。

◉ 下載數據

如果希望下載過去歷史資料，則需以付費方式訂閱「Historical Information」。

「豬週期是1928年德國經濟學者亞瑟‧哈納（Arthur Hanau）最先使用的詞彙。（中略）某日在不知名的原因下，豬肉價格上漲，養豬戶開心不已，也因為收入增加，所以想要飼養更多的豬隻，於是購買比平常多好幾倍數量的幼豬，造成幼豬的價格向上飆漲。（中略）

消費者改變消費習慣，改買雞肉取代豬肉。這段時間以來，幼豬的數量增加，飼料價格上漲，原因是飼料的需求超出預期，貨源不足的關係。因為飼料上漲，使得養豬成本增加。（中略）

當豬肉需求開始減少時，市場上出現許多賣不掉的豬肉，豬肉價格在一夕之間下跌，造成養豬戶的損失。養豬戶在飼料上漲的情況下，繼續飼養豬隻，結果導致虧損。另一方面，豬肉的價格持續大幅下跌，原因是飼料價格過高，使得養豬戶出售愈來愈多的豬隻，最後幾乎是以免費的價格出清。於是，消費者開心不已，改變消費習慣而選擇吃豬肉。

這時候養豬戶已經減少飼養的豬隻數量，當消費者又開始食用豬肉時，又造成豬肉價格上漲，上述過程不斷循環。」

——崗特‧杜克（Gunter Dueck），《繁榮的經濟學，衰退的經濟學》（2009）

第五章

全球主要貨幣的
未來趨勢

　　如果要預估未來十年美元對韓元的走向，需要分為經常收支和景氣兩個部分來看。第三章曾經提過，經常收支是匯率變動的原因也是結果，扮演相當重要的角色。而先進國家的景氣指標在「長鞭效應」的作用下，就會撼動韓國經濟。

◉ 經常收支：保持順差的長期性預估

　　先來談談經常收支的變化趨勢。近年來，韓國經常收支的順差規模日漸加大，這種趨勢非常有可能長期維持。原因是 1997 年金融風暴的「陰影」，促使韓國積極

累積外匯存底，並且努力保持經常收支順差。最近，我讀到《美元，不得已的避險天堂》(*The Dollar Trap: How The U.S. Dollar Tightened Its Grip On Global Finance*)這本有趣的著作，正好呼應以下的觀點。[12]

　　新興的開發中國家買進美元等強勢貨幣(hard currency，是指物價穩定，貨幣價值常處於升值狀態)儲存，等於是買了一份保險。當某些國家出現外債償債期限屆滿而難以償還的情況時，外國投資人就會從這些國家出走，而對開發中國家來說，購買強勢貨幣就是一種自我滿足的預防措施。因為如果外國資本流入突然中斷，會因而改變資本流動，甚至引發銀行大規模的擠兌潮。

　　相反地，當國家將相當規模的外匯存底存為強勢貨幣時，如果經濟出現問題，投資人也不會那麼快就抽回資金，即使陷入經濟危機，只要外匯存底充足，也能降低資本流動急遽變動所帶來的破壞性影響。

那麼新興國家要如何累積外匯存底呢？維持海外資本和經常收支順差絕對有其必要性。維持海外資本不可或缺的是提供高利率，高利率進而得以改善經常收支。因為利率上升會刺激儲蓄，投資相對萎縮。也就是說，這樣雖然能改善經常收支，但是景氣卻會走下坡。儲蓄率上升代表消費趨緩，投資率下降則代表企業的投資與就業減少。因此，這種增加外匯存底的政策可以視為「低強度的經濟蕭條」。

　　當然沒有人喜歡「經濟蕭條」，然而1997年慘痛的金融風暴所形成的陰影，降低對高利率政策的抗拒，韓國就是典型的例子。金融風暴之後，經濟成長率持續下滑，以及家庭儲蓄率比過去來得更高，這種走向和新興國家的趨勢相似。尤其最近出現的美元強勢使得韓元被低估的幅度愈來愈大，也因此韓國的經常收支大幅逆差的可能性很低。

　　最後低油價趨勢預估會持續一段時間，這也是讓經常收支的順差規模得以維持的因素。以下內容摘自吉

平均消費傾向

2014年韓國都市家庭的平均消費傾向為72.9%，比起2003年的77.9%減少5.0%。平均消費傾向是消費支出在可支配所得中的比例。

姆・羅傑斯（Jim Rogers）所撰寫《羅傑斯教你投資熱門商品》（*Hot Commodities*）一書中的章節。[13]

現在假設有一位企業家打算開發鉛礦。他知道過去二十五年來全世界開採新鉛礦的地方只有一個，而隨著中國和印度人口急速成長，對鉛的需求量愈來愈大。鉛最廣泛的用途是油漆與汽油，但是近來因為環境汙染的問題，鉛的使用量降低，取而代之的是，中國和印度對鉛蓄電池的需求逐漸增加。

做法是只要找到鉛礦蘊藏量高的地區，開採礦山就好，但是開發鉛礦會帶來許多的問題。首先是華爾街和全球的投資銀行已經熟知鉛的價格低廉，對於鉛礦開採計畫的報酬率抱持著懷疑態度，加上環保團體與政府可能會對鉛礦的開採加諸許多規定和限制。

假設經過一番波折之後，得以順利開採鉛礦，還必須興建提煉廠將礦石中的鉛精煉出來。鉛提煉廠待機時排放的有毒氣體是一大問題，因此必須在礦山附近尋找能長期建置提煉廠的落後地區。

這些程序短則數年，長則需要花費數十年（平均來說是十八年），投入的資金勢必會超出預算。如果幸運的話，這些努力將獲得報酬，只要鉛價開始上漲，開發者就會賺大錢。但是，如果引起許多淘金客仿效，也因而紛紛開發礦山的話呢？接下來萬一發生經濟危機，對鉛的需求瞬間急凍，情況又會如何呢？

一旦脫離平衡點，鉛價將會開始永無止盡地下

跌。數十年來耗費數百萬，甚至數千萬美元的資金和努力才得以開發的鉛礦，總不能因為價格下跌10%至20%就停止生產。由於已經投入高昂費用，只要人事費用足以支付，應該就會忽視價格，繼續生產。但是，也因為這樣的供需難以恢復平衡，直到獲利低的礦山關廠，或是鉛蓄電池廠商保有的庫存量下降為止，削價戰爭將永不停歇。

目前全球生產商面臨的情況和以下情形類似。

舉例來說，目前正透過大規模投資採集天然石油的巴西等新興產油國，會因為石油價格下跌而即刻減少產量嗎？另外，美國的頁岩油生產商採用一種稱為水力壓裂法（hydraulic fracturing）的革新性技術，在過去十年讓美國本土的石油產量增加兩倍以上，現在會因為持續一年的國際油價下跌情況而封閉油井嗎？

一旦供給和需要的平衡被打破，就需要花費十年以上的時間才能恢復平衡，包括韓國在內的原油進口國，

未來很有可能持續一段時間得以獲得貿易條件的改善，而貿易條件改善將會成為提高經常收支順差的原因。

什麼是水力壓裂法？

　　水力壓裂法是一種水平減阻的「定向鑽井」（directional drilling）技術。垂直鑽井（vertical drilling）的方式只能以垂直方向在範圍狹小的油氣層開採，原本為了提高產量，應該開採更多的油井，但是這種方式藉由控制方向，可以從單井往不同方向延伸加裝輸油管，在設置油井的初期即可減少投資花費。而水力壓裂法則是將水以高壓方式注入油井，強力的水壓會使得頁岩層破裂，製造出空間來汲取天然氣和原油。

匯率的真相

◉ 美元走強會持續到何時？

完成經常收支的預估之後，接著必須思考美元價值的動向，因為韓元價值深受關鍵貨幣美元價值的影響。如果從結論來說，美元走強持續一段時間（二至三年）後，出現美元走貶情勢的可能性很高。

這種預測的第一個根據是「景氣循環」。【圖表1】灰色陰影部分代表美國景氣收縮情況，大致上每隔五年

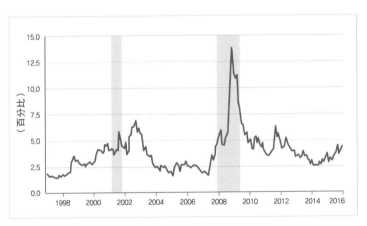

圖表1　美國投機等級公司債利差和美國的景氣循環
資料來源：美國聯準會聖路易分行。

至六年會出現一次景氣衰退。〔1945年之後美國景氣擴張（＝繁榮）平均維持五十七個月。〕美國經濟景氣在2009年春天觸底之後，持續了近七年的繁榮，也能藉此預估美國即將進入景氣停滯。而當美國景氣衰退時（灰色陰影部分），美國投機等級公司債的利差就會暴漲，這一點絕對不容忽視。

第三章周密分析了美國投機等級公司債的利差暴漲時，美元呈現走強的趨勢，這也將影響美元對韓元匯率的上升。「美國經濟走下坡時，美元走強」現象的成因也已經在第四章長鞭效應單元中有了充分說明，接下來將會繼續深入探討。

美元強勢可能會持續二至三年的第二個原因是「實質利率上升的可能性」。請別忘記第三章曾經詳細探討過，每當美國實質利率上升時，就會出現美元強勢。

那麼為什麼美國實質利率上升的可能性很高呢？

原因是美國的通貨膨脹風險逐漸浮上檯面。【圖表2】代表美國的失業率和核心消費者物價上漲率的關係，

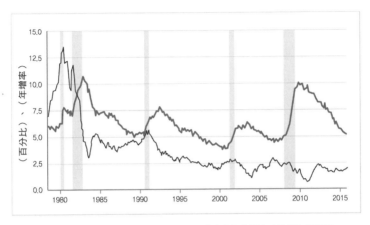

圖表2　美國的失業率（灰線）和核心消費者物價上漲率（黑線）的關係
資料來源：美國聯準會聖路易分行。

只要失業率下降，通貨膨脹壓力就會升高；相反地，當失業率上升時，通貨膨脹的可能性就會降低。這種現象的成因在第二章歐洲財政危機章節中曾經提及。當失業率低於平均值等景氣復甦情況出現時，薪資就會上漲，同時由於經濟中各項有效資源耗盡，造成通貨膨脹壓力升高。

最近美國的失業率低於5%，過去在這種程度的失業率下，消費者物價指數上漲率通常會超過2.5%，站

什麼是核心消費者物價指數？

所謂的核心消費者物價指數（Core Consumer Price Index, Core CPI），是從構成消費物價指數的各種品項當中，剔除變動性較大的食物類與能源類價格之後，就稱為核心消費者物價指數。

在美國聯準會的立場勢必會宣布升息，而受到利率上調的影響，市場利率未來很有可能會上升。然而，如同前文所述，美國的景氣擴張期愈長，衰退的可能性也就愈高，聯準會也很清楚這一點，因此預估升息的強度並不會太大。

針對這個部分，或許有人抱持著相反的看法。國際油價正呈現暴跌趨勢，美國的通貨膨脹風險真的會增加嗎？

我覺得這種看法很有道理，只是我認為國際油價從

匯率的真相

160

目前價格往下跌的幅度並不會太大。原因在於目前的油價已經逐漸接近全球石油生產企業的邊際生產成本，而所謂的邊際生產成本是指生產一單位原油所投入的費用。中東產油國生產一桶原油大約花費10至20美元，美國的頁岩油開採商生產一桶原油則大概花費40至60美元，萬一油價跌到20美元左右，大多數的企業就不可能從原油生產中獲得利潤。

因此，與其說國際油價會無止盡地下跌，倒不如說每桶原油從20多美元調整到均衡價格會更合理。這樣一來，油價下跌所帶來的「物價穩定」效果也將逐漸褪去。當油價從2014年的110美元降到2015年的50美元時，降幅約為60%；然而，從50美元再降到30美元上下，此時降幅減少為40%，也就是即使油價持續下跌，對物價造成的影響力也會逐漸減弱。

匯率上升持續二至三年後，預估出現下跌趨勢

　　我將上述的內容加以統整。首先，從經常收支的層面來看，經常收支呈現順差的可能性很高，尤其貿易條件的改善將會擴大經常收支順差的幅度，其中韓元價值被「低估」也是提高經常收支順差可能性的因素。因此，單就「長期性」因素來看，未來十年內美元對韓元匯率下跌的可能性極高。

　　但是，如果從短期來看，我認為「上升」是重點。因為美元強勢走向似乎在短期內不會減退，尤其從2009年春季開始的景氣擴張期已經接近第七年了，儼然就是一股壓力，不但大幅超越歷史上的平均擴張期（五年左右），再加上聯準會升息的做法會抑制景氣回升的力道。如果考慮美國等先進國家出現景氣衰退時，會影響韓國，造成韓國出口大幅萎縮的衝擊，那麼在美元強勢局面下，並不樂見美元對韓元匯率穩中有降。

匯率的真相

162

　　我認為這種美元走強趨勢持續二至三年之後就會出現轉折。重點是美元對韓元匯率上升，加重韓元被低估的幅度，而大規模的經常收支順差使得韓元的升值壓力逐漸增高。當然，美元對韓元匯率何時會回到遞減趨勢，我認為是無法預測的。

　　這樣的結論或許會引發部分人士的質疑，表示：「你這樣怎麼能以專家自居呢？」但我認為這是最理想的說法。匯率的長期走向也許在某種程度上是可以預估的，但是推測這種趨勢何時會因為某個因素而出現轉變，就只能說是屬於「算命先生」的本領了，而真正的專家是能夠明確分辨出自己可預測和不可預測的領域。

　　以下內容摘錄自奈特・席佛（Nate Silver）的名作《精準預測：如何從巨量雜訊中，看出重要的訊息？》（*The Signal and the Noise: Why So Many Predictions Fail—but Some Don't*），他在美國2012年總統大選時，曾精準預測257個選區的結果。[14]

菲利浦‧泰洛克（Philip E. Tetlock）教授蒐集各個領域專家的預測結果，包括波斯灣戰爭、日本房市泡沫化、魁北克脫離加拿大獨立的機率等，囊括幾乎所有發生在1980年代和1990年代的重大事件中專家們的意見。

未能預測蘇聯垮台是單一的例外事件嗎？或是因為自稱「專家」的人們對於政治的分析根本不夠格？他的研究橫跨十五年，集結之後，於2005年出版了《專業政治判斷：我們如何知道到底有多準確？》（*Expert Political Judgment*）一書。

泰洛克教授的研究結果嘲弄了社會科學界，他觀察的專家們不論職業、經歷、學科為何，表現得都比擲銅板隨機預測的結果好不到哪裡去。（中略）

因此，就出現一個問題是，社會科學領域專家們的意見都應該被忽視嗎？

關於這一點，泰洛克教授的回答是：「並非如此！」他將專家分為刺蝟與狐狸兩種類型，其中

「狐狸」類型的專家具有較優越的預測能力。

　　泰洛克教授以專家提出的答辯為基礎，歸納出「刺蝟」與「狐狸」兩種極端的類型。

　　刺蝟具有宏大的想法，相信世界存在支配性原則，屬於「緊張而性急的」A型人格。《資本論》（*Das Kapital*）的卡爾‧馬克思（Karl Marx）、《夢的解析》（*Die Traumdeutung*）的西格蒙德‧佛洛伊德（Sigmund Freud），以及《異數：超凡與平凡的界線在哪裡？》（*Outliers: The Story of Success*）的麥爾坎‧葛拉威爾（Malcolm Gladwell）都屬於這一類。

　　狐狸則樂於接受各種細微的訊息，認為解決問題需要探究各個層面，關心的領域非常廣泛，心緒相當散漫。狐狸對於細微差異、不確定性、複雜性和對立的意見等具有較包容的態度。

　　如果加以比喻，刺蝟就像無時無刻窺伺著獵物的獵人，而狐狸就像勤奮撿拾的採集者。

　　從這兩種極端類型的敘述中，應該很容易判斷

出孰優孰劣。但是，在大眾眼中，刺蝟類型的人更具有吸引力，因為他們的大嗓門與誇張的言論在媒體上很容易就能引起關注，而且他們也很容易忘記自己的誤判，再度大言不慚地發表極端的新意見。

這段文字也代表我所信奉的人生哲學。我年輕時就像刺蝟一般，總愛發表極端的預言，在擔任經濟分析師超過二十年之後，我領悟到那些預測根本就沒有任何幫助。原因在於金融市場是一個可怕的叢林，而所有參與遊戲的人都把「我要親自上陣，驗證結果是不是真的會那樣！」掛在嘴邊。

一言以蔽之，十年內韓國將面臨金融危機的刺蝟式話術或許能夠刺激書籍銷售量，但這只是徹底忽視市場玩家的舉動，我並不想要走上那樣的路。說我是膽小鬼也好，過度保守也罷，比起刺蝟來說，我更想要當狐狸，在預測匯率時，我也堅守著這樣的立場，說穿了，我不過只是希望能獲得市場玩家們的認同罷了。

02 人民幣可望躍升關鍵貨幣？

◉ 什麼是關鍵貨幣？

關鍵貨幣（key currency）指的是如1914年以前英國的英鎊，貿易時支付交易款項所使用的貨幣（＝計價貨幣）。舉例來說，一家德國原絲公司想要向法國紡織廠購買100噸的棉紗，站在德國公司的立場，英鎊是非常穩定又值得信任的計價貨幣，因為人人都希望能持有英鎊，每個國家都希望儲存英鎊做為外匯存底。1913年，在第一次世界大戰爆發之前，外匯存底總金額中英鎊所占的比例高達48%，1860年至1914年全球貿易中有60%是以英鎊支付。[15]

關鍵貨幣除了是支付貿易交易款項的貨幣，也具有未雨綢繆的「儲備貨幣」（reserve currency）功能。儲備貨幣在2008年金融風暴時扮演相當重要的角色，當時韓國執政當局雖然保有2,012億美元龐大的外匯存底，但卻無法阻止匯率暴跌。當時匯率暴跌最主要的原因是，外國投資人的股票和債券拋售規模超出市場預測值，以

知 識 一 點 靈！

可動用外匯儲備金額

韓國聯合通訊社於2008年10月2日以「可動用外匯儲備金額是否充裕」做為標題，「以流動外債為基準，可用外匯趨近於零。流動外債是短期外債加上一年內即將到期的長期外債，當外匯儲備金額低於流動外債時，可能會引起心理恐慌。」指出外匯儲備可能不足。

知 識 一 點 靈！

韓國外匯存底的運用情況

根據韓國銀行於2011年6月發布的「外匯存底運用情況和未來課題」資料，外匯存底是由89.5%的有價證券、8.7%的預存款、1.2%的特別提款權（Special Drawing Right, SDR）、0.6%的國際貨幣基金儲備部位，以及0.03%的黃金所構成。從2010年底現有外匯資產的投資商品結構看來，包括35.8%的政府債券、21.8%的政府機構債券、16.5%的公司債、16.1%的資產抵押債券、3.8%的股票和2.0%的預存款。

及恐懼心理急速擴大的影響。尤其是一部分市場投資人將持有的絕大部分外幣投資了買賣不易的資產，與流動外債（短期外債＋一年內即將到期的長期外債）相比，

可動用的外匯儲備金額過低，投資人的恐懼壯大了匯率的變動性。因此，大多數的國家會選擇人人都想要持有的貨幣，亦即美元或歐元做為外匯存底的主要結構，就是為了應付危機狀況而未雨綢繆。

雖然部分人士認為美元做為關鍵貨幣的地位出現動搖，但是2011年6月底統計，全球中央銀行的外匯存底

知 識 一 點 靈！

超主權國際儲蓄貨幣

《朝鮮日報》在2009年4月11日的報導「走吧，朝著關鍵貨幣前進！張牙舞爪的中國」裡，引述中國人民銀行行長的發言表示：「中國人民銀行行長周小川在該銀行網站上發文，『有必要創造與特定國家脫鉤的超主權國際儲蓄貨幣。』並建議『加強國際貨幣基金特別提款權的功能以取代美元』。」

中，美元占60.2%，歐元占26.7%，英鎊僅占4.2%，顯示目前美元的地位依然屹立不搖。然而，為什麼中國近來不斷質疑美元「關鍵貨幣的地位」呢？我們接著深入探討原因何在。

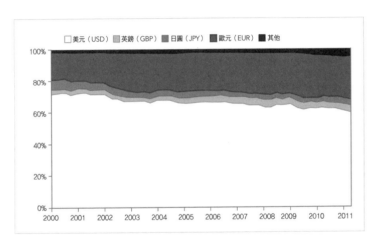

圖表3 全球外匯存底的結構變化

資料來源：國際貨幣基金。

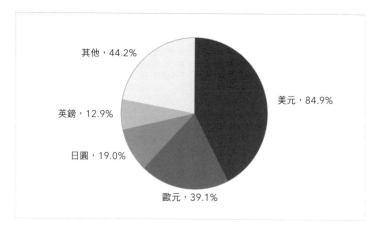

圖表4　外匯市場貨幣交易量占有率

資料來源：國際清算銀行。

注：以2010年交易量為基準，合計買進／賣出，因此總和為200%。

◉ 中國為何質疑美元的關鍵貨幣地位？

　　中國之所以會不斷質疑美元做為國際貨幣，原因是「關鍵貨幣」的國家能夠享有極大的好處。關鍵貨幣的第一個利益是，貿易和資本交易的便利性。2010年，美元在全球外匯交易裡所占的比例高達84.9%，美元需求在全球外匯交易中占有絕對比重。

　　以電子產品輸往美國的韓國企業為例，當韓國企業出貨給美國零售商時，會希望獲得美元款項，原因是韓國企業不僅對美國出售商品，同時也會從中國進口零組件或半成品，所以必須支付中國廠商款項。只有韓國企業之間才能不限金額地以韓元進行交易，中國廠商需要的出口款項是美元而非韓元。

　　基於這個理由，美國企業和其他國家進行貿易時，能自由使用本國貨幣的美元就會擁有極大的便利性，尤其是不會面臨匯率變動所引起的風險。相反地，由於韓國企業獲得美元款項，並向其他國家企業（在此以中國企業為例）支付美元，因此就必須隨時注意匯率變化。為了避免匯率變動，還需要前往外匯銀行賣出遠期外匯（進口企業則是需要買入），這是一大不便之處。

　　美元做為關鍵貨幣的好處不只有這一項。在2014年，即使美國的財政赤字已經占國內生產毛額的2.8%之高，也並未阻礙公債的發行，因為全球中央銀行仍然持續買入美元計價資產。美國在財政與經常收支虧損之下仍然

能夠自由實施貨幣政策，毫無窒礙；不僅如此，憑藉海外中央銀行的買進趨勢，美國還能繼續維持極低的債券利息。然而，韓國等開發中國家如果像美國一樣面臨財政和經常收支赤字，應該早就深陷金融危機之中。

維持債券低利率並非是關鍵貨幣「功效」的終點。美國經常收支高額逆差的結果，使得美國淪為全球第一債務國。前面的章節曾提及，大規模的經常收支逆差代表該國的經濟正在進行過度投資，超出儲蓄水準。（經常收支＝總儲蓄－總投資。）然而，美國的「過度投資」自從1982年後，至今已持續將近三十年，但是要像韓國在1997年面臨金融危機的可能性卻趨近於「零」。

原因在於，美國能夠非常輕易就從國內外的金融市場中調度資金。經常收支赤字的美國反而透過貨幣互換的方式，借款給歐洲或亞洲的中央銀行並收取利息。最具代表性的例子是，2011年11月30日的「歐美六大央行宣布下調流動性換匯（Central Bank Liquidity Swap）」，擁有全球經常收支赤字最高的國家不但借錢

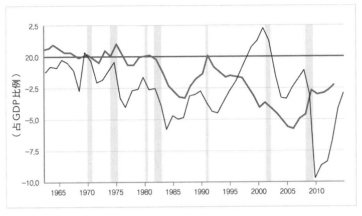

圖表5　美國財政收支占GDP比例（黑線）和經常收支的趨勢（灰線）
資料來源：美國聯準會聖路易分行。

給其他的國家，還要將徵收的利差從100個基點縮減到
50基點*；也就是說，當經常收支出現逆差時，大多數國
家會面臨金融危機升高的威脅，但是美國卻恰好相反，
只要按下一個按鈕，資金就會立刻到位，解除危機。

　　這種現象使得美國比其他先進國家擁有更高的成
長率，自1980年直到2008年，美國的年平均成長率為

---

* 　原文為 basic points，通常縮寫為 bp，一個基點就是 0.01%。

2.9%，高於同期的日本（2.3%）、英國（2.4%）和德國（1.9%）等主要先進國家。這種高度成長的原因，除了關鍵貨幣的地位得以維持高度的「投資率」之外，低利率也是資金調度可行的因素。

關鍵貨幣國家的優勢不只如此，甚至還能左右全球金融的走向。舉例來說，如果美國宣布升息政策又會如何呢？人們原本就熱衷投資美國市場，萬一還能多賺取利息的話，有許多國家的資金或許將會流向美國，而美國以外的國家為了解決資金外流的問題，應該就會慎重考慮是否跟進升息；相反地，假設美國宣布降息，勢必也會牽動美國以外的國家考慮降息。

最能展現關鍵貨幣國家權力的例子是 1985 年的「廣場協議」（Plaza Accord）。1985 年 9 月 22 日，美國、日本及德國（當時為西德）等西方五大工業國（G5）國家財政部長簽署一份協議，使美元對主要貨幣的匯率有秩序性的貶值。協議的內容包括維持日本和德國的高利率，美國則維持低利率政策，誘使提高日本與德國的

貨幣價值（＝利率）。

　　廣場協議致使美國和日本／德國兩陣營出現完全相反的結果。美國藉由美元走弱，得以經濟復甦；相反地，日本和德國則因為高利率政策與貨幣走強，而面臨經濟衰退的局面。日本和德國之所以會接受不合理的要求（匯率升值與調高匯率），是因為面對美國的主張，也就是美國經濟停滯會對德國和日本經濟帶來長期的負

圖表6　美國美元價值（灰線）和美元／日圓匯率（黑線）的走向

資料來源：美國聯準會聖路易分行。

面影響表示認同，即使日本與德國當時是全球第二大和第三大經濟體，面對擁有關鍵貨幣的美國時仍然無法拒絕其要求。

◉ 人民幣成為關鍵貨幣的可能性？

接下來將要探討的是，中國的人民幣是否可能躍升成為關鍵貨幣。一般來說，要取得認同成為關鍵貨幣有四項條件，分別是經濟力、穩定性、可兌換性，以及成熟的金融市場。

關鍵貨幣的第一項條件是，代表經濟規模達到一定水準以上，也就是必須擁有能夠主導全球經濟的水準。符合這項條件的國家就必須等同美國和歐洲等國，長期來看，中國有可能符合這一點。

然而，關鍵貨幣的第二項條件是，匯率和通貨膨脹的變動風險必須極低，符合這項要件的國家只有使用美元與歐元等先進國家。

知 識 一 點 靈！

經濟規模排名

根據世界銀行的統計，2014年美國以17兆4,000億美元取得壓倒性的勝利，經濟規模位居全球第一，其次是中國的10兆4,000億美元，第三位是日本的4兆9,000億美元，第四位則是德國的3兆9,000億美元。

關鍵貨幣的第三項條件是，流通性優勢（＝可兌換性），美元和歐元這兩種貨幣都具有這種特性。使用歐元的國家多達25國，能夠廣泛通用於所有的國際貿易，影響力與日俱增。

關鍵貨幣的最後一項條件是，成熟的金融市場，也就是必須具備先進的金融市場。金融的國際化範圍無遠弗屆，簡單來說，只要價格適當，必須隨時能夠提供外

歐元區

　　使用歐元（Euro）的國家包括16個歐洲聯盟
成員國和未加入歐盟的9國，這些國家統稱為歐元
區（Euro Zone）。

匯交易的途徑和方法。

　　那麼中國目前符合上述的條件嗎？或是未來十年內
可能達成嗎？如果以結果來說，中國的人民幣不可能
在十年內成為關鍵貨幣。雖然中國的經濟規模龐大，但
是仍不及美國的三分之二，同時具有貨幣價值的暴跌威
脅，這一點可以從最近人民幣貶值獲得印證。進一步從
金融市場的發展層面來看，中國要走的路還很長。中國
在2016年初便宣布暫停實施熔斷機制，可見中國市場的
先進程度在新興國家中仍然處於低度水準。

匯率的真相

知 識 一 點 靈！

外匯交易

　　韓國的外匯市場從上午9點交易到下午3點，除此之外的時間如果要進行交易的話，就必須利用一種稱為無本金交割遠期外匯（Non-Deliverable Forward, NDF）的場外市場。無本金交割遠期外匯或無本金交割遠期外匯是指，在一定時間內合約到期時，無須對本金進行交割，只針對簽約時的遠期匯率和期滿時的實際匯率之間的差額進行交割清算。在新加坡、香港、倫敦及紐約皆可透過無本金交割遠期外匯進行交易。

補充資料 台灣外匯市場的銀行間市場交易時間為週一至週五上午9點到中午12點，下午2點到下午4點；而應對顧客市場交易時間則為週一至週五上午9點到下午3點30分。

熔斷機制

　　「熔斷」一詞出自於火爐的斷熱器，這是為了防止電爐超載或短路，自動斷電一段時間之後，會再次重新啟動，恢復原本功能的裝置。中國在2016年初股價出現7%以上的跌幅時，決定啟用熔斷機制，抑制股市交易，但是隨著熔斷現象頻頻觸發，於是又宣布停止這項措施。

　　尤其是在2015年8月11日，中國人民銀行宣布大幅調降人民幣，從「預估可行性」來看是失格之舉。想要成為關鍵貨幣，就必須盡全力扮演好應有的角色，但是中國對這一點似乎仍無自覺。因為自從同年8月11日人民幣貶值之來，全球金融市場出現動盪，全球投資人擔心隨著人民幣未來的走貶趨勢，將會對新興國家的貨幣

價值產生連鎖效應，從而引爆貶值潮。

　　第二章曾提過歐洲財政危機的原因，來自於德國中央銀行一連串的「半通貨膨脹政策」，這個例子也可以套用在中國。如果人民幣想要升格成為關鍵貨幣，為了扶植經濟，面對政治壓力時就必須擁有對調降人民幣的決策說「不」的決斷態度。從這一點上來看，中國人民銀行並不具獨立性，也不夠嫻熟。中國人民銀行原本具備十足機會來評估人民幣貶值的可行性，但卻屢屢錯過時機，最後在政治壓力下輕易屈服，斷然實施貶值的政策。

　　當然整體來說，調降人民幣並非錯誤的決策，它可以挽救出口企業的危機，更能緩和通貨緊縮的壓力，只不過付出的代價是至少未來十年必須放棄人民幣成為關鍵貨幣的機會。

　　對韓國來說,造成重大影響的關鍵是日圓的價值。韓國經濟的產業結構從1980年代中期開始轉向以重化學工業為主,從此日圓價值對韓國經濟和金融市場發揮巨大的影響。最具代表性的例子可說是1980年代後期出現所謂的三低(低利率、美元弱勢、低油價)現象,使韓國經濟與股票市場享有「有史以來最繁榮的景氣」。

　　這份緣由使得有經驗的股票投資人隨時注意日圓價值的變化,也透過這個觀察獲得極大的報酬。但是,最近這一層關係卻逐漸削弱,不,應該說是完全逆轉了。在金融危機之後,日圓出現走強趨勢(日圓/ 100 韓

元匯率上升）時，股票非但沒有上漲，反而下跌了。
1980年代以來一直延續到1990年代中期的「日圓強勢
＝股價上漲」公式被打破的原因究竟是什麼呢？是否由
於韓國經濟結構變化導致的影響？或是因為日本的某種
現象所造成的結果？現在就來仔細探討。

圖表7　韓國股價（黑線，左側）和日圓／韓元（灰線，右側）的關係
資料來源：美國聯準會聖路易分行。

● 影響力減弱的原因 1：韓國企業強化競爭力

　　日圓對韓元匯率影響力減退或方向改變的第一個原因在於，日本經濟長期以來處於停滯狀況；相反地，韓國經濟自從金融危機之後，透過資通訊和機械產業的蓬勃發展，企業競爭力不斷向上提升。

　　如果觀察 2002 年以來，韓國和日本經濟雙雙走向恢復期之後的情勢，即可得知日本受到長期的景氣停滯所影響，出口產業結構與經濟力並沒有太大的變化，但是韓國的出口產業卻快速轉為以著重化學和資通訊產業為主的結構。

　　舉例來說，韓、日兩國前三名的出口品項都是電機電子、汽車、機械類，而前十名的出口品項之中就有九種品項相同。當然兩國的核心產業重疊現象，可能會造成日圓對韓元匯率影響力更為加深。

　　在出口品項的競爭度或重疊性提高的過程裡，以部分核心產業為重心的韓國企業競爭力超越日本的水準，

這一點不容忽視。如果以全球市場占有率來觀察韓、日之間的競爭水準，韓國的全球市場占有率正在大幅上升，尤其是韓國製造業有將近一半的出口正對日本的競爭力形成威脅。特別是在2003年之後，即使日本的景氣和全球市占率復甦，但是韓國主要出口品項的全球市占率仍然持續上升，反映出韓國出口的競爭力提升。當競爭力提升時，即使日圓的價值短暫下跌，對韓國企業的負面影響也會減弱。

當然像是在2008年面臨全球需求急速萎縮的情況時，韓國的出口廠商也無法倖免於難，但是和日本、台灣等競爭對手相比，可以發現韓國的出口減少幅度較小。尤其是日圓對韓元匯率在2007年底跌至832韓元，當時韓國仍然維持出口競爭力的優勢，就是一項很好的證明，說明在某種程度上競爭力的改善助長了這種「趨勢」。

韓、日的市占率比較

根據韓國產業研究院（Korea Institute for Industrial Economics & Trade, KIET）於2007年出刊的《韓、日貿易結構變化和製造業出口競爭力的比較與觀點》資料顯示，韓國市占率大幅上升，而日本市占率大幅下跌的代表性產業，包括造船和電子零組件等。在韓國的二十大出口品項中，有一半以上吞食了日本的市占率，顯示韓國企業正以極快的速度壓制日本產品的競爭力，甚至超越日本的水準。

● 影響力減弱原因2：日圓套利交易風潮

日圓對韓元匯率上升時，韓國股票市場走弱的第二個原因是日圓套利交易（Yen Carry Trade）的活絡和衰

匯率的真相

退。所謂「日圓套利交易」是指，借貸利率極低的日圓投資高利率國家（澳洲或紐西蘭等受惠於原料價格上漲的強勢貨幣國家）資產。投資對象不只是高利率國家的貨幣（存款），還包括所有能夠套利的可獲利標的（證券、商品等）。

日圓套利交易的規模從1,000億美元到1兆美元不等，根據統計機構的不同而有極大的差異，因此正確的數字在事實上無從推算，但能夠確定的是，規模大到足以左右外匯市場的走向。

問題在於，這種日圓套利交易對全球金融市場的環境相當敏感。誠如2008年次級房貸風暴時，金融機構的貸款條件急速惡化，加上貸款之後所投資的國家資產價格暴跌，投資人所投資的資產遭受匯兌損失與價格下跌的雙重打擊。當然，如果預先進行外匯對沖的話，只會受到資產價格下跌的衝擊，但大部分的情況是透過借貸投資，因此貸款的金額愈高，損失的風險就會像滾雪球一樣愈大。

當全球經濟出現衰退時，由於意識到全球金融市場的警訊，風險資產的投資減少，日圓出現走強趨勢（＝美元對日圓匯率下跌）。這是由於原本投資澳洲、紐西蘭及加拿大等高利率貨幣或高獲利資產的資金一舉收回，再度轉向日本的關係。流向海外的資金回收時，日圓價值不得不因而上漲，導致日本的經濟承受雙重苦難。除了日圓走強，削弱出口企業的競爭力之外，由於全球經濟條件惡化，使得出口需求也相對減少。結果就

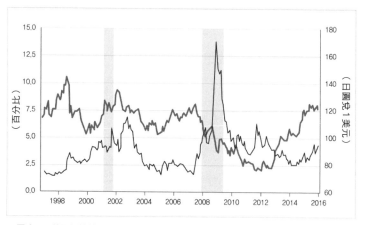

圖表8　美國投機等級債券利差（黑線，左側）和美元／日圓匯率（灰線，右側）
資料來源：美國聯準會聖路易分行。

像【圖表8】所示，日圓比美元更具有「安全資產」的特性。

◉ 做為安全資產的日圓是日本經濟的沉重負擔

日本的經濟特性在1990年代遭受致命性的打擊，1989年日本泡沫經濟破滅之後，日本中央銀行藉由調降利率來扶植景氣，當時日圓呈現強勢；也就是景氣衰退並降息時，依然引發日圓走強，削弱日本企業的競爭力，同時加重通貨緊縮的壓力。

美國聯準會在2002年發表一份耐人尋味的資料，不諱言地指出當時日本央行的失策，其內容如下：[16]

事實上，從1980年代後期直到1990年代初期，日本執政當局犯下的最大錯誤，並不是無法事先預測通貨緊縮的惡性循環，而是在面對不可知的通貨緊縮壓力時，未能事先投保預防性保險。

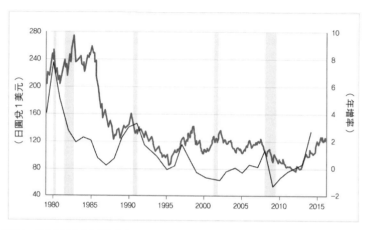

圖表9　日本的消費者物價指數上漲率（黑線，右側）和美元／日圓匯率（灰線，左側）的關係
資料來源：美國聯準會聖路易分行。

根據美國聯準會的全球經濟模擬報告，日本央行只要在1991年至1995年初之間任何一個時間點降低200個基點，即可避免通貨緊縮。

也就是說，美國聯準會認為日本在泡沫經濟破滅時，如果能夠立即大規模調降利率，就能避免陷入長期衰退的局面。但是，對日本央行來說，也許會對這種主張不以為然，或是認為並不適當。因為在1990年代初波

斯灣戰爭前後時期，只要沒有全球經濟衰退引起的「安全資產偏好現象」，以及美元對日圓匯率隨之暴跌的情況不曾發生，日本央行的降息政策或許就有可能會對扶植經濟產生成效。

◉ 美元／日圓匯率的變化趨勢

以現況來說，很難預測十年後美元對日圓匯率的走向。除了經濟前景不明之外，日圓本身「安全資產」的地位能否維持也相當不明朗。因此，下述的預測只是我個人的分析，希望讀者不要太過盲從。

先從結果來說，2013 年日本安倍經濟學的成功，使得美元對日圓匯率出現遞增趨勢的可能性很高。日本央行積極推行的「新型質化和量化寬鬆政策」（QQE）出現成效的同時，也帶動日本的物價上漲率逐漸升高。尤其是當美國的利率上升時，日圓套利交易短暫活絡的可能性很高，這一點也是加分之處。因為日圓套利交易的

基礎是，借貸日圓投資利率較高的美元。因此，只要出現日圓套利交易，日圓就會持續走弱，進而升高通貨膨脹的可能性。

然而，問題在於時間。二至三年內先進國家很有可能再度出現景氣衰退，在此之前日本能夠達成經濟的通貨膨脹走向嗎？

這個問題的答案應該是肯定的。原因是日本政府在某種程度上已經找到因應通貨緊縮的處方。這個處方就是「全面而明確的擴大貨幣供給政策」，直到解除通貨緊縮問題為止，持續推動貨幣寬鬆政策，同時讓民眾相信這項政策未來將會無限期延長，這就是安倍經濟學的核心。因此，至少二至三年內，日本貨幣政策當局取消這個政策的可能性可以說是微乎其微。

貨幣供給政策能夠解決通貨緊縮，並且挽救景氣停滯的原因是什麼呢？可以從下述的例子中找到解答。[17]

以下的故事節錄自瓊・斯溫尼（Joan Sweeney）和理查德・斯溫尼（Richard Sweeney）夫婦在1978年發表

的論文，以《貨幣理論與國會山莊保姆合作社的危機》
（*Monetary Theory and the Great Capitol Hill Baby Sitting Co-op Crisis*）為題。

斯溫尼家族在 1970 年代服務於美國國會山莊（Capitol Hill），當時有 150 名年齡相近的夫婦們組成保姆合作社（Babysitting Co-operative），這個育兒組織和其他的互助組織一樣發行保姆券。一張保姆券可以換取一小時的嬰兒照護服務，而照顧嬰兒的夫婦也可以向委託的夫婦收取同等時間的保姆券。

但是，問題出現了。這個制度要成功推動的話，就必須有一定數量的保姆券保持流通，但是夫婦們爭相儲存保姆券，很少人願意使用。結果導致需求蕭條，當所有的保姆券都被儲存而沒有人使用時，育兒組織的活動逐漸衰退，最後人們開始想要脫離保姆合作社。

育兒組織衰退且活動呈現停滯的原因非常簡

單，並非人們不擅長照顧孩子，而是由於「有效需求」不足。在只願意儲存而不願意使用的情況下，導致整體活動停擺。

那麼應該如何解決這個問題呢？育兒組織管理委員會提供非常簡單的方法，就是提高保姆券的使用率。要如何提高保姆券的使用率呢？答案很簡單，就是如果保姆券經過數個月不使用，就會縮短托嬰的時間。舉例來說，如果取得保姆券的兩個月後仍不使用，換取別人照顧孩子的時間就會縮減為三十分鐘。

也就是引發通貨膨脹，藉此鼓勵消費，抑止累積保姆券的行為。這項政策引發很大的成效。持有保姆券反而會降低票券價值，促使夫婦們開始使用票券，因而解決了育兒組織的蕭條問題。（中略）當大多數的人們儲存現金，也就是儲蓄大於投資時，就會引發蕭條的問題，而發行更多的票券能夠解決這個問題。現代社會的票券發行者就是中央銀行。

　　對經濟學不甚了解的人會認為「蕭條」是過度放縱之後的道德性懲罰，但大部分的蕭條是消費者和企業家基於某種原因而對未來產生不安全感，於是增加儲蓄所引發的問題；也就是說，就像是國會山莊保姆合作社的例子一樣，為了將來的消費而降低目前的消費，結果造成經濟無法流通循環。1989年之後的日本經濟狀況與此相同。

　　在這種情況下，採取能夠提高通貨膨脹的政策就是解決之道。就像國會山莊保姆合作社的成員們意識到自己持有的保姆券未來即將貶值，當各個經濟主體擔心受到通貨膨脹的影響，自己持有的儲蓄價值會下跌時，問題便能解決了。

　　那麼為什麼日本央行不實施這種政策呢？

　　答案和「創傷」有關。1930年代，日本央行推行增加貨幣發行的政策，藉此引發通貨膨脹，而在當時經濟蕭條下，日本軍國主義崛起所導致的創傷，使得日本央行長期以來無法有效推行擴大貨幣供給政策。但是，

2011年東日本大地震之後，日本就陷入嚴重的經濟停滯危機，開始反省既有的貨幣政策，而當黑田東彥就任央行總裁後，對日本央行的政策進行革新。

日本央行的積極作為可能會使得美元對日圓的匯率長期上升。當然，如果發生政治變革，將會改變這種政策基調。回顧歷史事件，政治領袖交替而使得政策推進的動力枯竭的例子比比皆是。基於這個考量，要預估長期走向將會受到許多條件的限制，而像日本這樣改變過去的政策基調，轉往新方向的現象一旦發生，在「現有政策無法延續的遺憾」限制之下，我對日本的長期走向不得不出現模稜兩可的預估，希望讀者能夠體諒這一點。

1997年亞洲金融風暴的起因

　　1997年的金融危機不但對金融市場帶來衝擊，更對韓國整體經濟造成無法抹滅的創傷。1997年金融危機的起因究竟是什麼呢？學者們各有自己的看法，而金融危機的起因包括：1.過度的經濟扶植政策；2.培育貨幣價值的努力；3.全球景氣蕭條。

◉ 原因1：過度的經濟扶植政策

　　1997年金融危機發生的第一個原因，也是最直接性的原因，就是經濟成長潛力逐漸退化的同時，仍然持續維持10%的高成長率，一再過度推動經濟扶植政策。

補充
資料　源於1997年有許多東南亞國家長期依賴中短期外資貸款維持國際收支平衡，匯率偏高，多半維持和美元或一籃子貨幣的固定或聯繫匯率，而喬治‧索羅斯（George Soros）主導的量子基金在泰國經濟疲弱時藉機進軍泰國，開始大量賣空泰銖，迫使該國放棄維持與美元掛鉤的固定匯率，因而引發金融市場的空前危機。之後迅速波及東南亞實行貨幣自由兌換的國家與地區。除了造成股、匯市大跌之外，更讓金融體系強烈震盪，對全球經濟產生負面影響。其中，印尼、南韓和泰國受創最重，菲律賓、香港、寮國及馬來西亞也遭受波及，而台灣、中國、新加坡的影響則較輕。

金融危機前後的韓國家庭消費支出

　　根據韓國銀行於2009年公布的「金融風暴前後家庭消費支出的景氣對稱性變化分析」，金融危機之前的家庭生活消費並沒有因為景氣變動而受到太大的影響。但是，發生金融危機之後，家庭債務負擔大幅增加，家庭儲蓄減少的同時，資產價格的變動性也擴大，顯示家庭消費支出大幅受到景氣變化的影響。

　　在1960年代至1980年代，韓國為什麼能維持年平均超過7%的驚人成長率（1960年代為7.8%、1970年代為8.7%、1980年代為8.7%、1990年代則為6.2%）呢？雖然有幾種可能，但是分析長期經濟成長動力的學者認為，農村地區的有效人力幾乎無止盡地流入都市地

區，促使整體經濟活力旺盛是最重要的原因。

　　韓國在1963年開始推動經濟開發五年計畫，當時823萬名的經濟活動人口當中，有502萬（61%）的人口從事農業，屬於典型的農業國家，但是到了1980年，該比例降為36%，1990年更是降到19%。農村地區的人口大量移往都市，對韓國的經濟有兩項利多。最大的好處是藉由提供充足的勞動力，抑制工資上漲；另一項則是人力從產能低（相對來說）的農村地區大規模移往產能高的都市地區，使得國家整體經濟的產能得以提升。（農村勞動力的移動對提升經濟成長潛力的程度，可以參考韓國產業研究院於2009年出刊的《韓國經濟的成長鈍化和經濟成熟化原因》。）

　　從這個層面來看，1980年代後期是韓國的重要轉捩點。1980年代後期之後，韓國企業就很難找到「低廉又充沛」的勞工。整體經濟人口中，在農家所占比例降到19%之後，下跌速度開始趨緩（1995年13%→2000年11%）。農村地區人口流入都市的數字降低，取而代之

(%，%p)	1971～1990年	1991～1997年	1971～1997年	2001～2006年	2000年代 vs. 1971～1990年 (A—D)	2000年代 vs. 1971～1997年 (C—D)	2000年代 vs. 1990年代 (B—D)	1990年代 vs. 1971～1990年 (A—B)
生產年齡人口	2.67	1.42	2.34	0.49	2.17	1.85	0.93	1.24
就業指數	3.21	2.23	2.95	1.51	1.69	1.44	0.72	0.98
勞動期間	−0.34	−0.44	−0.37	−1.14	0.80	0.77	0.70	0.10
勞動投入	2.86	1.78	2.58	0.36	2.50	2.22	1.43	1.07

圖表1　韓國各時期勞動力的供給變化

資料來源：韓國產業研究院（2009），《韓國經濟的成長鈍化和經濟成熟化原因》。

注：圖表中數字代表年平均變化率，而「2000年代 vs. 1971～1990年」項目中的數字表示2000年代的平均變化率和1971年至1990年的平均變化率之間的差異。例如，「2.17」代表1971年至1990年的平均生產年齡人口變化率比2000年代高出2.17%p。

的是1956年至1964年之間出現的「嬰兒潮世代」社會現象，同時1990年代經濟活動人口的增加率（年平均為1.8%）與1980年代相比（年平均為2.5%）並未減少太多。而韓國的嬰兒潮世代大多接受高等教育，幼年時期不曾經歷貧困，和出生於殖民時期的父母不同，因此對低工資的工作興趣缺缺。這些人在1980年代後期農業矛盾浮上檯面時進入勞動市場，享受工資調漲的好處，

可以說是非常幸運的一代。基於這個原因,韓國經濟在1990年代初期處於勞動力供給減少和工資上漲的情況中,最後導致經濟成長面臨停滯。

知 識 一 點 靈!

韓國股市開放

韓國並非在1992年1月斷然開放股票市場。1981年韓國允許投信公司發售「外國人專用收益債券」,接著在海外設立韓國基金(Korea Fund,資本額為3.8億美元)等外國人投資的間接信託。自1980年代以來,韓國以漸進方式擴大外國投資人投資韓國股市的機會。經由事前的準備過程,1992年1月正式核准外國投資人直接購買韓國股票,當時外國投資人可以認購一般上市公司最高10%的資本,公共企業最高8%的資本。

當時韓國的經濟問題應該如何解決呢？在十五年後的今天已經有了答案。方法就是脫離量的成長策略，轉而推動質的成長。所謂質的成長是指，固定勞動時間和實際投入資本，培養能夠提高產量的新技術與分工合作的能力。（經濟質的成長水準的測定用語。）

　　但是，當時韓國政府卻選擇了量的成長策略。1992年1月，韓國政府准許外國投資人在規定範圍內認購韓國股票。1993年3月22日更進一步發表了「新經濟百日計畫」，調降重貼現率，並且動員產業銀行等政策性銀行大量供應設備投資資金。

　　不可否認地，1990年代初期推行的一系列政策對於股市和經濟復甦帶來極大助益。但是，外國投資人購買股票的資金流入，不僅造成美元對韓元匯率呈現下跌的情況，再加上企業的設備投資過度擴張，使得經常收支與物價出現不穩定的現象，這也成為金融危機的主要原因。

什麼是重貼現率？

重貼現率（discount rate）是指，中央銀行貸款給銀行等金融機構的利率。如果調高重貼現率，銀行借款時就必須支付央行更高的利息，因此自然也會調高銀行放款時的利率。

◉ 原因2：培育貨幣價值的努力

景氣過熱使得經常收支和物價出現不穩定時，政府應該如何因應呢？大多數的經濟學者都認為，應該實施升息政策，並且減少財政支出。因為升息能夠抑制企業的設備投資，而縮減財政支出則能舒緩景氣過熱的現象。

然而，當時韓國政府卻實行完全相反的政策，不但持續擴大景氣扶植政策，更放寬外國投資人對韓國股市

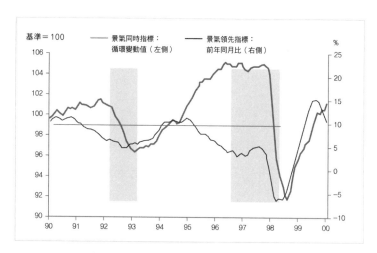

圖表2　金融危機前後景氣領先指標與同時指標的走向

資料來源：韓國國家統計廳。

注：灰色陰影部分代表景氣收縮局面。

的投資限額，更引發美元對韓元匯率下跌。（1993年底美元對韓元的匯率為808.10韓元→1995年底為770.2韓元。）當然，匯率下跌也使得消費者物價指數從1994年的6.3%，在1995年和1996年各降為4.5%與4.9%，讓高漲的物價趨於穩定，但是另一方面則導致經常收支開始出現逆差。

知　識　一　點　靈！

放寬外國人投資限額

　　韓國是以循序漸進的方式來放寬外國人投資限額。1992年1月外國人股票買入限額為10%，到了1994年12月放寬為12%，1995年7月放寬至15%。尤其從1996年開始限額放寬的速度加快，1996年4月為18%，10月為20%，1997年5月和11月各放寬至23%和26%。而金融風暴過後的1997年12月更大幅放寬為55%（每人額度為50%）。到了1998年5月，除了公法人相關投資之外，更將限額規定完全廢除。

　　尤其是1994年初中國宣布人民幣貶值，就連日本的日圓也在關鍵的1995年大幅走貶，這些都是削弱韓國企業價格競爭力的決定性因素。這個部分在第四章已

有詳細的說明，然而對於與日本競爭激烈的韓國企業來說，日圓走弱也正代表韓國出口產品價格的下跌。

「新經濟百日計畫」之後，進行大規模設備投資的基礎產業產能改善情況並不如預期，再加上全球市場的競爭趨於白熱化，企業的利潤率不斷走下坡。雪上加霜的是，從美國聯準會宣布降息的1996年春季開始，半導體等韓國主要出口產品的價格出現連鎖性暴跌，成為致命性的最後一擊。1993年之後，大規模設備投資的過程中，企業的負債比率大幅上升，而產品價格卻暴跌，最終就在1996年秋天起引發一連串的企業倒閉潮。

回到當時的情況，韓國政府起碼應該在當下調整美元對韓元的匯率。雖然匯率上升會造成部分投資韓國的外國投資人撤離韓國股市，但是至少能夠避免發生1997年的金融危機。然而，在1996年韓國政府為了彌補經常收支的逆差，只有在4月和10月分兩階段調整外國人股票投資的限額，並未採取挽救經濟失衡的果斷決策。

韓國企業的負債比率

韓國企業 1993 年的負債比率（＝負債／資本 ×100）為 312.9%，到了 1997 年飆漲到 424.6%（以整體產業為基準），尤其是主導設備投資的製造業負債比率更是從 1993 年的 294.9% 上升到 1997 年的 396.3%。

◉ 原因3：全球景氣蕭條

1997 年金融危機發生的最後一個原因，可以說是全球的景氣蕭條。韓國在政府的主導下出現景氣過熱，使得經常收支的逆差擴大，韓元價值持續被高估，即使在這種情況下，如果當時全球經濟環境維持正向發展的話，有可能就不會發生 1997 年的金融危機。

因為1997年5月放寬外國人股票投資限額的當時，外國投資人的股票淨買入創下13.7億美元的高額數字，代表對韓國經濟的高度信任。即使在1997年7月泰國發生金融危機之前，韓國的外國投資人股票淨買入仍然連續兩個月創下新高，完全沒有人會料到泰國的金融危機會擴及韓國。

　　自從泰國在7月發生金融危機之後，亞洲地區內交易量驟減，韓國的出口成長率急速下降，日本的景氣領先指標從1997年春天開始與前年同期相比呈現負值，亞洲的整體經濟同步停滯，金融危機發生的可能性無時無刻都在升高。而美國的態度和1994年墨西哥發生金融危機時大相逕庭，對於東亞的金融危機並未積極介入，結果更加深了投資人的憂慮。

　　從上述的說明中可以得到一個結論，就是1997年的金融危機可以說是韓國的決策錯誤，以及海外經濟的蕭條情況交織之下所釀成的悲劇。韓國如果不希望再度經歷金融危機，就應該事先避免上述的金融危機起因。

「資產分配沒有什麼祕訣。『讓所有的人把自己的錢分成三個部分：三分之一投資土地，三分之一投資事業，剩下的三分之一當作預備金。』猶太經典《塔木德》的投資建議就是資產分配最典型的例子，決定要長期投資何種資產就是資產分配的定義。提及資產分配的原因，則在於其重要性。有許多研究學者針對大型退休基金的資產運用結果進行調查，顯示股票種類或買賣方式等對於整體獲利率的影響只占7%，整體資產收益91%的決定權是在於資產分配。」

——洪椿旭，《用錢滾錢吧》（2012）

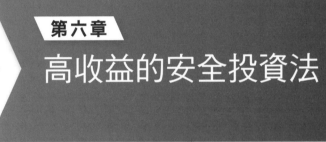

第六章

高收益的安全投資法

陷入危機，還是抓住機會？

　　看完了目前所討論的匯率決定因素和其他資產之間的連貫關係，會發現一般的常識在現實生活中幾乎不適用。例如，當匯率上升時，股票市場，尤其企業業績就會下滑，應該有不少讀者是看了本書之後才知道的。由於長鞭效應的作用，先進國家景氣的細微變動會大力撼動韓國經濟，以及貨幣包含安全資產和風險資產，當景氣出現衰退時，韓元等風險資產會成為首先拋售標的，這些無法直覺察覺的現象卻是相當重要的資訊。

　　那麼該如何將這個資訊運用在投資方面呢？尤其是對於一般人來說，很難時時刻刻留意美元價值變化與經常收支的變動，本章將說明適合一般投資人的策略，也就是資產分配的策略。

◉ 掌握資產分配的基本原則

所謂的資產分配是決定長期要投資何種資產。尤其是對一般的投資人來說，沒有時間研究各個證券名單，並且分析重要的宏觀經濟數據，因此資產分配具有無可取代的重要性。

應該投資哪一種標的呢？投資像美元和韓國股票這類彼此的變動方向成反比的資產，是資產分配最重要的原則。

為求了解分散投資的效果，先假設【圖表1】A標的和B標的之投資獲利率與變動性（＝標準差）完全相同。

舉例來說，假設有一支平均獲利率達到15%的投資標的，它的年獲利率在某一年是＋40%，隔年是－30%，則必須將它歸類為變動性高的資產。當投資標的獲利率變動性高時，就很難預測未來的獲利。計算變動性最典型的方法是標準差。（隨機變數 X 的標準差 σ 計算公式為：$\sigma = \sqrt{E((X-E(X))^2)} = \sqrt{E(X^2)-(E(X))^2}$ 。）

【圖表1】顯示當A標的價格上升時，B標的價格也會上升；同樣地，當A標的價格下跌時，B標的價格也會跟著下跌，統計學上將這種關係稱為「完全正相關」。所謂的相關性（correlation）是測量兩種資產的變化方向是否相同。例如，一般來說，身高較高的人之體重會高於身高較矮的人。當一個係數增加時，另一個係數也會隨之增加的關係稱為正（＋）相關；相反地，

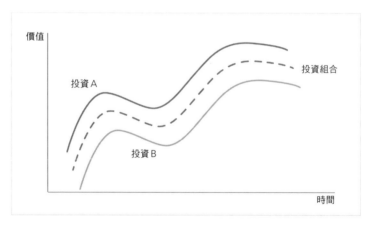

圖表1　完全正相關資產所組成的投資組合

資料來源：羅傑・吉布森（Roger C. Gibson），《資產分配》（*Asset Allocation: Balancing Financial Risk*）（2005），第160頁。

解析：縱軸表示資產和投資組合的價值，橫軸表示時間。

美元對韓元匯率和韓國股票市場的關係是一邊增加時，另一邊就會下降，這就稱為負（－）相關。

回到圖表，假設我們將資產一半投資Ａ標的，另一半投資Ｂ標的，就可以獲得【圖表1】中虛線標示的投資組合收益，而投資組合獲利率則是兩種資產獲利率加總之後的平均值。

另一方面來看看【圖表2】，資產Ｃ和Ｄ的特性完全一致，也就是獲利率相同，獲利變動性（＝標準差）也相同。但是，唯一的不同點在於，【圖表2】Ｃ和Ｄ的走向完全成反比，當投資Ｃ獲利時，投資Ｄ卻出現虧損。

假設將資產一半投資Ｃ，另一半投資Ｄ，這時候投資組合的獲利就會如同【圖表2】中虛線一樣，出現驚人的結果。雖然投資組合獲利率是來自Ｃ和Ｄ的加總平均，但是變動性卻完全剔除了；也就是說未來獲利的不確定性消失，資產管理達到穩定。接下來將會仔細說明應該分散投資哪些資產。

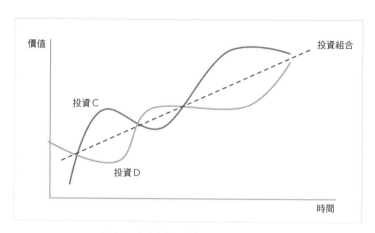

圖表2　完全負相關資產所組成的投資組合

資料來源：羅傑‧吉布森，《資產分配》（2005），第160頁。

解析：縱軸表示資產和投資組合的價值，橫軸表示時間。

◉ 哪些資產具有負相關係數？

　　韓國投資人能夠投資的資產當中，哪些具有負相關呢？【圖表3】是2000年至2013年韓國主要資產之間的相關係數。相關係數是呈現兩個變數具有何種相關性，1代表完全正相關，－1代表完全負相關。當然金融市場裡幾乎沒有任何資產擁有完美的「1」或「－1」相

匯率的真相

關係數，通常只要超過「－0.3」就是具有吸引力的分散投資對象。

來看看韓國大多數家庭所擁有的房產和其他資產的相關係數。首先，首爾公寓的投資獲利率與消費者物價上漲率的相關係數為0.04，表示房產投資對紓解物價上漲的風險效果並不大；而股票和房產的相關係數為0.00，更代表沒有特別的分散投資效果。總結來說，只看韓國國內的資產很難獲得分散投資的成效。

	消費者物價上漲率	公司債獲利率	首爾公寓價格上漲率	江南公寓價格上漲率	KOSPI上漲率
消費者物價上漲率	1.00				
公司債獲利率	0.62	1.00			
首爾公寓價格上漲率	0.04	0.58	1.00		
江南公寓價格上漲率	－0.02	0.49	0.99	1.00	
KOSPI上漲率	－0.25	－0.06	0.00	0.10	1.00

圖表3　韓國國內主要資產之間的相關係數（以2001年至2013年為準）

資料來源：韓國銀行經濟統計系統、彭博。

解析：相關係數是調查兩項變數具有何種相關性，1代表完全正相關，－1代表完全負相關。

那麼應該怎麼做呢？

答案就是海外資產。【圖表4】呈現出韓國國內資產和海外資產之間的相關係數。首先，與首爾公寓呈現負值相關係數的資產是美元／韓元匯率（－0.02）和美國股價（－0.39）；也就是說，擁有韓國房產的人買進美國股票是最穩定的資產分配方式。而以韓國股票為主的投資人適合哪一種資產呢？當然是美元／韓元匯率（－0.15），其次則是美國公債（－0.06）。

從這一點來看，韓國投資人可以說是具有與生俱來的「好運」。由於韓國處在長鞭效應的末端，一直以來承受著劇烈的景氣變動，但是從資產分配和資產增值層面來看，卻具有很大的優勢。只要評估自身的「風險傾向」，適當地買進美元資產，再靜待景氣衰退即可。當出現如同2008年的景氣衰退時期，韓元價值暴跌，而美元價值上升，此時只要將投資的美元資產兌換成韓元，買進被低估的韓國資產，就能輕鬆取得高獲利。千萬不要忘記1998年韓國海外僑胞以「移轉所得收入」的方

式，將總額高達28.2億美元的資金投資韓國的例子。我
們能不能仿效1998年在美國僑胞的投資方法呢？

針對這一點來做進一步的探討吧！

	物價上漲率	公司債獲利率	首爾地區公寓	江南公寓	KOSPI	美元／韓元	韓元換算美國公債指數	韓元換算美國股價指數
物價上漲率	1.00							
公司債獲利率	0.62	1.00						
首爾地區公寓	0.04	0.58	1.00					
江南公寓	−0.02	0.49	0.99	1.00				
KOSPI	−0.25	−0.06	0.00	0.10	1.00			
美元／韓元	0.44	0.60	−0.02	−0.11	−0.15	1.00		
韓元換算美國公債指數	0.52	0.68	0.05	−0.03	−0.06	0.98	1.00	
韓元換算美國股價指數	−0.48	−0.46	−0.39	−0.30	0.53	0.05	0.00	1.00

圖表4　主要資產之間的相關係數（以2001年至2013年為準）

資料來源：韓國銀行經濟統計系統、彭博。

解析：相關係數是調查兩項變數具有何種相關性，1代表完全正相關，−1代表完全負相關。

◉ 韓國股票投資人：將美國公債納入清單吧！

到目前為止，所做的探討應該可以得出一個結論，就是韓國人必須投資美國資產。那麼要投資多少美國資產才算合理呢？

如果是韓國股票投資比重較高的投資人，就應該投資美國公債，而美國公債的投資比重應該占多少是需要煩惱的地方。答案就在「風險傾向」。簡單來說，應該考慮自己能夠承擔的風險有多大。20歲至30歲的年輕族群持續增加收入的時間還很長，投資風險較大、獲利率高的資產組合應該是可行的。當然50歲至60歲的中壯年族群勞動收入的時間相對來說較短，與風險相比，應該將重心放在獲利穩定的標的。

【圖表5】顯示韓國股票和美國公債不同投資比重的成效。第一項是100%投資韓國股票的累積獲利，呈現298.6%的高績效。第二項是韓國股票70%，美國公債30%的投資成果，累積獲利高達241.5%。第三項是投資

韓國股票50%與美國公債50%的累積獲利為203.5%，第四項韓國股票30%和美國公債70%的投資累積獲利為165.4%，而最後100%投資美國公債的獲利率很低。

答案是否就是100%投資韓國股票呢？

不一定。因為這種100%投資韓國股票的資產分配策略具有約26.7%的變動性，和其他的資產分配策略相比，變動性幾乎高出三倍之多。簡單來說，韓國股票占100%的資產分配在2008年創下最糟糕的－40.7%紀

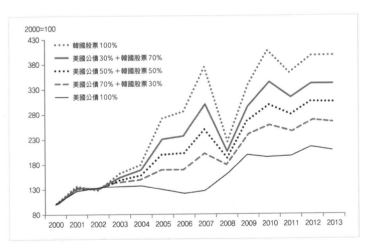

圖表5　韓國股票＋美國債券的資產分配成果

錄；相反地，美國公債占100%的資產分配在2008年仍然有＋26.6%的獲利率，表現更加穩定。

也就是說，要考慮的並不是應該100%投資哪一種資產，而是適當搭配兩種資產的策略最為有效。舉例來說，對於風險迴避傾向較高的中壯年族群來說，適合第四項資產分配策略（韓國股票30％＋美國公債70％）；而對於風險迴避傾向較低的青年族群來說，適合第二項資產分配策略（韓國股票70％＋美國公債30％）。

◉ 韓國房產投資者，關心美國股票吧！

接著是韓國房產投資比例較高的投資人，應該分散投資哪些資產呢？答案是美國股票。美國股票除了與韓國房產之間的變動範圍不同之外，也克服了2000年代中期的停滯期，最近的獲利率正逐漸改善。

【圖表6】是韓國公寓和美國股票不同投資比例的成果。第一項是韓國公寓占100％的資產分配，累積

匯率的真相

獲利達130.7%。第二項是韓國公寓占70%，美國股票占30%的投資，累積獲利為102.5%。第三項是韓國公寓占50%與美國股票占50%的資產分配，累積獲利為83.8%。而第四項韓國公寓占30%和美國股票占70%的投資累積獲利則為65.0%，最後100%投資美國股票的獲利率最低，僅有36.9%。

是否應該100%投資韓國公寓呢？答案是不一定。

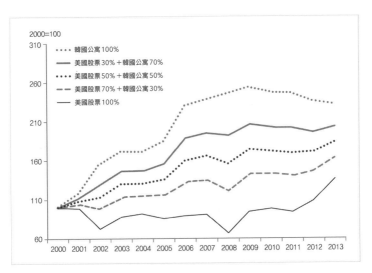

圖表6　韓國公寓＋美國股票的資產分配成果

因為100%投資韓國公寓的資產分配策略具有13.2%的變動性，比其他的資產分配策略高出約三倍。簡單來說，100%投資韓國公寓的策略在2012年的表現最差，停留在－4.5%；相反地，50%分散投資美國股票在2012年仍有1.0%的獲利率。

韓國式的資產分配策略

韓國位於長鞭效應的末端，因此韓國資產的特點是價格變動性相當大。結果就是，房產或股票等韓國人主要的投資標的都有價格急遽變動的特性。問題在於，這種高度變動性對投資獲利帶來極為負面的影響。

第一個負面影響是實質獲利率下降。假設花1億韓元投資某項資產，一年下跌50%，隔年上升100%。那麼這項資產目前的價值是多少呢？答案是1億韓元。單純的平均獲利率也許是25%，但投資人的有感獲利率卻是0%。獲利率的方向無法連貫而上下起伏的國家，大

致上投資績效就會下降。

第二個負面影響是難以長期投資。如果從2001年至2013年持有韓國股票十三年的投資人，應該有高達298.6%的獲利。

但實際上真是如此嗎？2001年9月11日發生的多起恐怖攻擊、2003年初SK集團的假帳醜聞，以及2004年春天中國的金融緊縮政策（China Shock），這些衝擊事件發生後，投資人應該有多筆股票交易。然而，問題是這樣的買進賣出卻很難獲利。當股票市場出現「低點」時，連長期投資人都會心生恐懼，考慮是否出走；相反地，股市的「高點」連悲觀投資人都會覺得有吸引力。也就是說，快樂而安全的感受才是股票市場的高點。

結論是，金融市場不斷造成投資人的痛苦。在這個過程中，有許多人會放棄長期投資，走上零股交易之路。然而，問題是提高買賣頻率大多會增加手續費和稅金，抵銷實際費用之後的淨收益反而減少了。[18]

資產分配能夠一次解決這兩種問題。如果以對半的

比例投資韓國房產和美國股票，即使2008年也能以－5.2%的虧損作結。尤其在韓國房產市場相當低迷的2012年，美國股票有15.4%的獲利成果，整體投資組合的獲利率就能夠扭轉成正值（＋1.0%）。

如果藉由這種方式使獲利率保持穩定走向，也能讓長期投資變得可行。即使在投資當下出現虧損，相信只要眼光放遠，並且忍耐，最後獲利一定會出現正值的成果。在這種確信之下，就能減少交易手續費並降低稅金。

當然這是相當呆板的投資方法，但是不需要對市場暴跌大悲大喜，從這一點來看，可以說是一種內心平靜的投資方式。第五章曾經提過，像刺蝟一樣具有強烈自我信念和主張的人預測能力明顯不足，需要謹記這個道理。

我們的行為是否也像刺蝟一樣呢？當投資獲利時洋洋得意，而預測失準造成虧損時，盡一切努力試圖抹滅結果，我們需要檢討自己是否有這種「非理性態度」。

坦白說，我雖然擔任經濟分析師的資歷已經超過

二十年，但稱不上是頂尖的預測專家。2008年全球金融市場危機時，我恰巧料中市場走向，除此之外的其他時期，我並沒有什麼突出的表現。尤其在金融危機發生的前一年，我還到證券公司任職，從這一點來看，我在從事經濟分析師的少年時期，老實說預估能力相當糟糕，這樣資質的我能夠勝任證券經紀人一類的工作嗎？

我的煩惱最後整合出一個疑問，就是預測能力不高，而理財方面又沒有特別好運的人應該怎麼投資呢？第六章中提到的資產分配策略，是我長久苦思這個問題後寫下的結論，也就是即使索然無味，只要不迷失方向，一步步取得成果，在投資當中堅持不懈地賺取養老金。

說實話，我至今只找到投資美國股票或債券的方法來達成這個目標。或許讀者會有更好的方法，希望可以透過我的部落格（blog.naver.com/hong876）或電子郵件（hong8706@naver.com）與我聯絡，歡迎暢所欲言。

最後，我要祝福願意讀完本書的讀者們家庭幸福美滿。

掌握景氣展望的美國重要數據

　　美國的長短期利率差額是景氣展望相當重要的變數，因此有必要了解數據的下載方法。

　　美國聖路易聯邦準備銀行網站（http://research.stlouisfed.org/）將美國經濟的主要數據加以統整歸類，雖然這不是唯一可以下載美國經濟統計數據的網站，但是由於相當便利，因此我強力推薦。

　　進入聖路易斯聯邦準備銀行首頁之後，會出現以下畫面。各種有趣的項目中，我們的目標是下載經濟數據，因此點選左上方的「Economic Data」。

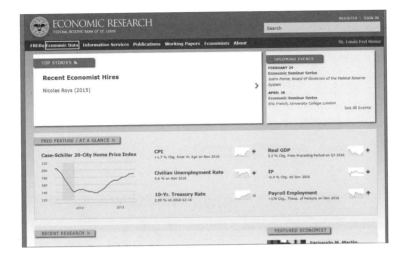

　　點選「Economic Data」之後，會出現以下新畫面，可以看到各種報告和最近發表的統計資料，而為了計算長短期利率差額，需要下載美國利率數據。

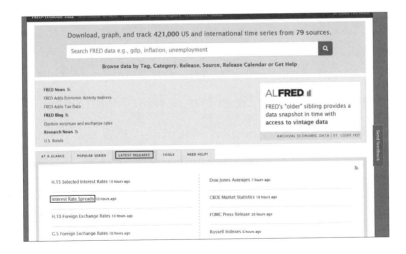

接下來只要再進行幾個步驟就完成了。點選新畫面中的「Interest Rate Spreads」選項，就會出現美國財政部發表的各種到期債券收益率數據可供下載。

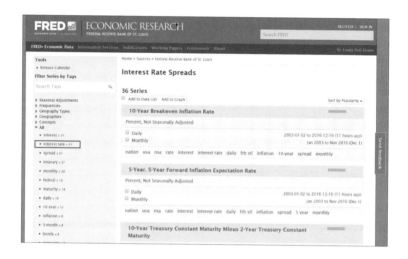

點選新頁面中的「Interest Rate」分項，從31個清單中尋找「10-Year Treasury Constant Maturity Minus 3-Month Treasury Constant Maturity」選項。「Treasury Constant Maturity」是指固定期限的國庫債券，也就是我們要尋找的數據。

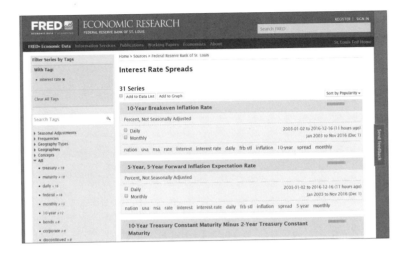

　　由於我們需要觀察長期走向，因此非單日數據，而是勾選以「月」（Monthly）為單位的數據。

　　勾選以月為單位之後，點選「10-Year Treasury Constant Maturity Minus 3-Month Treasury Constant Maturity」則會出現新圖表，圖表代表十年期國庫債券的利率減去三個月期國庫債券的利率。確認圖表是否正確之後，就可以進行下載步驟。

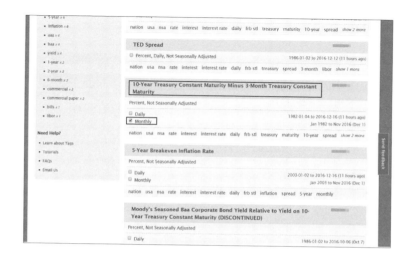

　　點選「下載」（DOWNLOAD）並選擇存為「Excel
檔案」（Excel (data)），開啟之後如同下圖，顯示出長
短期利率差額。

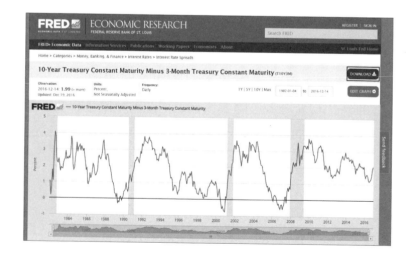

　　只要利用這種方法，就能輕鬆得到美國企業發行的公司債利差（十年期美國Baa等級公司債利率－十年期國庫債券利率）。

	A	B	C	D	E	F
	A1	▾	*fx*	FRED Graph Observations		
1	FRED Graph Observations					
2	Federal Reserve Economic Data					
3	Link: https://fred.stlouisfed.org					
4	Help: https://fred.stlouisfed.org/help-faq					
5	Economic Research Division					
6	Federal Reserve Bank of St. Louis					
7						
8	T10Y3M	10-Year Treasury Constant Maturity Minus 3-Month Treasury Constant Maturity, Percent, Daily, Not Seasonally Adjusted				
9						
10	Frequency: Daily					
11	observation_date	T10Y3M				
12	1982-01-04	2.32				
13	1982-01-05	2.24				
14	1982-01-06	2.43				
15	1982-01-07	2.46				
16	1982-01-08	2.50				
17	1982-01-11	2.32				
18	1982-01-12	2.10				
19	1982-01-13	2.13				
20	1982-01-14	1.53				
21	1982-01-15	2.08				
22	1982-01-18	1.34				
23	1982-01-19	1.67				
24	1982-01-20	1.30				
25	1982-01-21	0.97				
26	1982-01-22	1.06				
27	1982-01-25	0.56				
28	1982-01-26	0.89				
29	1982-01-27	1.11				
30	1982-01-28	1.45				
31	1982-01-29	1.06				
32	1982-02-01	-0.19				
33	1982-02-02	-0.02				
34	1982-02-03	0.05				
35	1982-02-04	0.38				
36	1982-02-05	0.02				
37	1982-02-08	-0.16				

參考文獻

1. 申長燮，《金融戰爭：韓國經濟的機會和危機》（2009），青林出版。

2. 《韓國經濟新聞》（2015.12.16），〈人民幣貶值……是否引發來自中國的匯率戰爭〉。

3. 《韓民族日報》（2015.7.7），〈希臘政府和華爾街「黑暗交易」種下悲劇種子〉。

4. 《華爾街日報韓國版》（2015.6.29），〈希臘銀行停止運作宣言，是否引爆不履行債務的限時炸彈？〉

5. Kenneth S. Rogoff and Carmen M. Reinhart (2009), "This Time is Different: Eight Centuries of Financial Folly."

6. 國際收支和經常收支的定義是參考韓國銀行（2006），《經濟指標簡易解析》中第12章「國際收支表」。

7. 《韓民族日報》（2015.12.19），〈穆迪投資者，韓國信用評等調升至Aa2〉。

8. 《華爾街日報》（2013.3.7），"Eight Questions: Michael Pettis, 'The Great Rebalancing'"。

9. 國際金融中心（2015.8.15），《中國地方政府財政改革與啟示》。

10. 參見張英載博士的著作，《經營學音樂祭》（2010），第264頁。

11. 引自美國零售業界最佳分析師，約瑟夫‧埃利斯（Joseph H. Ellis）的著作，《我在高盛的經濟預測法》（*Ahead of the Curve : A Commonsense Guide to Forecasting Business and Market Cycles*）（2005），第129頁。

12. 艾斯瓦·普拉薩德（Eswar S. Prasad），《美元，不得已的避險天堂》（*The Dollar Trap: How The U.S. Dollar Tightened Its Grip On Global Finance*）（2015），青林出版。

13. 吉姆·羅傑斯（Jim Rogers），《羅傑斯教你投資熱門商品》（*Hot Commodities*）（2005），Good Morning Books。

14. 奈特·席佛（Nate Silver），《精準預測：如何從巨量雜訊中，看出重要的訊息？》（*The Signal and the Noise: Why So Many Predictions Fail—but Some Don't*）（2014）。

15. 尼爾·弗格森（Niall Ferguson），《金錢與權力》（*Cash Nexus*）（2002）。

16. Alan Ahearne, Joseph Gagnon, Jane Haltmaier, and Steve Kamin and Christopher Erceg, Jon Faust, Luca Guerrieri Hemphill, Linda Kole, Jennifer Roush, John Rogers, Nathan Sheets, and

Jonathan Wright (2002), "Preventing Deflation: Lesson from Japan's Experience in the 1990s," Federal Reserve Board Working Paper.

17. 保羅‧克魯曼（Paul Robin Krugman），《面對失靈的年代：克魯曼談金融海嘯》（*The Return of Depression Economics and the Crisis of 2008*）（1998）。

18. Barber & Oeadn (2000), "Trading is hazardous to your wealth: The common stock investment performance of individual investors," *The Journal of Finance*.

新商業周刊叢書　BW0627

匯率的真相
破解歐元、日圓、美金與
人民幣漲跌，與你我如何從中獲利！

作　　　　者	／	洪椿旭（홍춘욱）
譯　　　　者	／	張亞薇
企 劃 選 書	／	黃鈺雯
責 任 編 輯	／	黃鈺雯
編 輯 協 力	／	蘇淑君
版　　　　權	／	吳亭儀、江欣瑜、顏慧儀
行 銷 業 務	／	周佑潔、林秀津、林詩富、吳藝佳

總 編 輯	／	陳美靜
總 經 理	／	彭之琬
事業群總經理	／	黃淑貞
發 行 人	／	何飛鵬
法 律 顧 問	／	台英國際商務法律事務所
出　　　　版	／	商周出版　臺北市南港區昆陽街16號4樓

　　　　　　　　電話：(02)2500-7008　傳真：(02)2500-7759
　　　　　　　　E-mail：bwp.service@cite.com.tw

發 行	／	英屬蓋曼群島商家庭傳媒股份有限公司　城邦分公司

　　　　　　　　臺北市南港區昆陽街16號8樓
　　　　　　　　電話：(02)2500-0888　傳真：(02)2500-1938
　　　　　　　　讀者服務專線：0800-020-299　24小時傳真服務：(02)2517-0999
　　　　　　　　讀者服務信箱：service@readingclub.com.tw
　　　　　　　　劃撥帳號：19833503
　　　　　　　　戶名：英屬蓋曼群島商家庭傳媒股份有限公司城邦分公司

香 港 發 行 所	／	城邦(香港)出版集團有限公司

　　　　　　　　香港九龍土瓜灣土瓜灣道86號順聯工業大廈6樓A室
　　　　　　　　電話：(852)2508-6231　傳真：(852)2578-9337
　　　　　　　　E-mail：hkcite@biznetvigator.com

馬 新 發 行 所	／	城邦(馬新)出版集團

　　　　　　　　Cite (M) Sdn Bhd
　　　　　　　　41, Jalan Radin Anum, Bandar Baru Sri Petaling, 57000 Kuala Lumpur, Malaysia.
　　　　　　　　電話：(603)9057-8822　傳真：(603)9057-6622
　　　　　　　　E-mail：cite@cite.com.my

封 面 設 計	／	陳文德　　內文設計暨排版／無私設計・洪偉傑　　印　刷／鴻霖印刷傳媒股份有限公司
經 銷 商	／	聯合發行股份有限公司　電話：(02)2917-8022　傳真：(02) 2911-0053

　　　　　　　　地址：新北市231新店區寶橋路235巷6弄6號2樓

ISBN／978-986-477-175-2
定價／300元

國家圖書館出版品預行編目(CIP)數據

匯率的真相：破解歐元、日圓、美金與人民幣漲
跌，與你我如何從中獲利！／洪椿旭著；張亞薇譯.
-- 初版. -- 臺北市：商周出版：家庭傳媒城邦分公司
發行, 民106.02
　面；　公分. --（新商業周刊叢書；BW0627）

ISBN 978-986-477-175-2（平裝）

1.匯率制度 2.外匯管理 3.韓國

563.2932　　　　　　　　　　　　105024850

城邦讀書花園
www.cite.com.tw

2017年（民106）2月初版
2024年（民113）5月初版6.2刷
환율의 미래 © 2016 by Hong Chun-Uk
All rights reserved
First published in Korea in 2016 by EIJI21, Inc.
Through Shinwon Agency Co., Seoul
Traditional Chinese translation Rights © 2017 by Business Weekly Publications, a division of Cité Publishing Ltd.

我們都有病

逃避,有什麼關係?致為病拚搏的年輕世代

總　企　劃／我們都有病 團隊全體
　　　　　　癌友有嘻哈 謝采倪‧米娜哈哈記事本 潘怡伶‧蔡孟儒‧劉桓睿
專案總編輯／癌友有嘻哈 謝采倪
專案負責人／米娜哈哈記事本 潘怡伶
採訪‧撰文／劉桓睿‧陳湘瑾‧符煜君‧洪群甯‧謝旭如
插　畫　家／街頭故事 李白

美 術 編 輯／孤獨船長工作室
責 任 編 輯／許典春
企畫選書人／賈俊國

總　編　輯／賈俊國
副 總 編 輯／蘇士尹
編　　　輯／高懿萩
行 銷 企 畫／張莉滎‧廖可筠‧蕭羽猜

發　行　人／何飛鵬
法 律 顧 問／元禾法律事務所王子文律師
出　　　版／布克文化出版事業部
　　　　　　臺北市中山區民生東路二段 141 號 8 樓
　　　　　　電話:(02)2500-7008 傳真:(02)2502-7676
　　　　　　Email:sbooker.service@cite.com.tw
發　　　行／英屬蓋曼群島商家庭傳媒股份有限公司城邦分公司
　　　　　　臺北市中山區民生東路二段 141 號 2 樓
　　　　　　書虫客服服務專線:(02)2500-7718;2500-7719
　　　　　　24 小時傳真專線:(02)2500-1990;2500-1991
　　　　　　劃撥帳號:19863813;戶名:書虫股份有限公司
　　　　　　讀者服務信箱:service@readingclub.com.tw
香港發行所／城邦(香港)出版集團有限公司
　　　　　　香港灣仔駱克道 193 號東超商業中心 1 樓
　　　　　　電話:+852-2508-6231 傳真:+852-2578-9337
　　　　　　Email:hkcite@biznetvigator.com
馬新發行所／城邦(馬新)出版集團 Cité (M) Sdn. Bhd.
　　　　　　41, Jalan Radin Anum, Bandar Baru Sri Petaling,
　　　　　　57000 Kuala Lumpur, Malaysia
　　　　　　電話:+603-9057-8822 傳真:+603-9057-6622
　　　　　　Email:cite@cite.com.my
印　　　刷／韋懋實業有限公司
初　　　版／2020 年 2 月　　　2020 年 5 月初版 2.5 刷
售　　　價／350 元
Ｉ Ｓ Ｂ Ｎ／978-986-5405-57-1

城邦讀書花園　布克文化
www.cite.com.tw　WWW.SBOOKER.COM.TW

謝謝大家閱讀完這本書，
這本書收錄了 48 篇真實的故事，
也述說了 48 種面對疾病的態度。

如果大家對這些故事有共鳴，
歡迎分享給你認為需要的朋友或病友，
也歡迎持續追蹤我們的社群：我們都有病。

最後，希望大家無論有病沒病，
都能同理身邊病友，溫柔對待他們：）

「我有病，我驕傲」、「我沒病，挺有病」
我們是台灣年輕病友社群，我們都有病！

>>> 我們都有病粉專 <<<